궁금했어,
과학사

궁금했어, 과학사

권경숙 글 | 신나라 그림

05

나무생각

차례

1장
지동설을 받아들이기까지 왜 2천 년이나 걸렸을까? ... 7

과학 혁명의 시작을 알린 코페르니쿠스 ... 9
망원경으로 지동설을 확신한 갈릴레오 ... 13

/ 궁금 pick / 지동설을 주장한 다른 인물들 ... 20

2장
보이지 않던 생물의 존재를 어떻게 알게 되었을까? ... 23

현미경으로 세포를 발견하다 ... 25
미생물학의 아버지, 안톤 판 레이우엔훅 ... 29
인류를 질병에서 구한 파스퇴르 ... 34

/ 가상 인터뷰 / 뉴턴에 가려진 천재 과학자, 로버트 훅 ... 40

3장
인류는 어떻게 전기를 쥐락펴락하게 되었을까? ... 45

전기를 모으는 신기한 병 ... 47
전기를 인류의 손에 쥐여 준 볼타 ... 52
마침내 만든 대형 발전기 ... 56

/ 가상 인터뷰 / 세기의 라이벌, 에디슨과 테슬라 ... 60

4장
인류는 어떻게 원자의 존재를 밝혀냈을까? ... 65

원소를 발견한 화학 천재 라부아지에 ... 67
단단한 공 같은 원자 ... 76
더 작은 입자들의 발견 ... 81
원자 안에 든 무거운 원자핵 ... 84

| 궁금 pick / 원자는 무엇이고 원소는 무엇일까? | 88 |
| 궁금 pick / 화학의 발전에 크게 기여한 연금술 | 90 |

5장
두 얼굴의 방사선은 어떻게 모습을 드러냈을까? 93

우리 몸을 통과하는 신기한 빛 95
퀴리 부부의 라듐 발견 101
/ 궁금 pick / 방사능을 연구한 과학자들의 죽음 108

6장
우리는 생명의 비밀을 어떻게 알게 되었을까? 111

생명체 진화의 비밀을 밝힌 다윈 113
유전 법칙을 발견한 멘델 120
/ 궁금 pick / 멘델의 3가지 유전 법칙 126
DNA 구조를 밝힌 왓슨과 크릭 128
/ 가상 인터뷰 / DNA 구조 발견의 결정적 공로자, 로절린드 프랭클린 134

7장
만물은 어떤 원리로 움직이는 걸까? 139

물체의 운동 법칙을 밝힌 뉴턴 141
/ 궁금 pick / 뉴턴의 사과나무는 정말 있었을까? 148
현대 물리학의 기초를 세운 아인슈타인 150

작가의 말 157

1장

지동설을 받아들이기까지
왜 2천 년이나 걸렸을까?
- 지동설의 발견

과학 혁명의 시작을 알린 코페르니쿠스

오래전 인류의 조상은 거친 자연에서 먹고, 자고, 옷을 지어 입으며 생활했어. 손에 든 거라곤 달랑 돌멩이밖에 없었지. 그랬던 우리 인류가 어떻게 우주선도 만들고 인터넷도 이용하게 되었을까? 지금부터 우리가 누리는 과학 기술이 생겨나게 된 역사의 현장으로 가 볼 거야. 흥미진진한 여행이 될 거니까 기대해도 좋아.

첫 번째 여행은 과학사에서 아주 중요한 출발이 되었던 곳이야. 지금으로부터 약 500년 전인 1543년 5월 24일 폴란드의 한 마을이지.

책장을 넘기면 어떤 집에 사람들이 모여 있는 사진이 있을 거야. 가만히 그 집에 모인 사람들을 봐. 표정이 무척 슬퍼 보이지? 침대에 누운 사람이 곧 세상을 떠날 거거든.

침대에 누운 사람은 바로 니콜라우스 코페르니쿠스야. 무릎에 놓

코페르니쿠스의 죽음

인 것은 과학 혁명의 시작을 알렸다고 평가받는 《천체의 회전에 관하여》라는 책이지. 코페르니쿠스는 뇌졸중으로 쓰러졌다가 깨어나 책을 살펴보고 있는 거야. 그는 지구가 태양의 주위를 돈다는 지동설(태양 중심설)을 생각해 냈지만 널리 알리지 못하고 30년을 고민했어. 그러다가 죽기 직전에서야 책을 내기로 결심했어.

하지만 코페르니쿠스는 물론이고 이 자리에 있었던 사람들 누구도 이 책이 먼 훗날 후손들에게 엄청난 영향을 미치리라는 건 몰랐어.

우리가 사는 21세기에는 지구가 태양 주위를 돈다는 것이 상식이지만, 지구가 우주의 중심이라고 믿었던 당시에는 세상을 뒤집어 놓을 정도의 생각이었거든. 그때까지 사람들은 고대 그리스의 프톨레마이오스가 쓴 《알마게스트》에 나오는 천동설(지구 중심설)을 찰떡같이 믿고 있었어. 이 책에 따르면 지구를 중심으로 달, 태양, 수성, 금성, 화성, 목성, 토성이 순서대로 완벽한 원을 그리며 돌고 있고, 그 바깥에는 유리막과 같은 천구가 있어서 거기에 별이 박혀 있다는 거야. 별 모양이 그려진 투명한 비치볼처럼 말이야.

별들은 영원히 변하지 않는 존재라서 움직이지 않고, 다만 별들이 박혀 있는 천구가 움직이기 때문에 우리 눈에 별들이 움직이는 것처럼 보이는 거라고 믿었지. 이런 생각은 1600년이 넘도록 절대 바뀔 수 없는 진리로 여겨졌어.

코페르니쿠스도 당연히 프톨레마이오스의 천동설을 배웠지. 그런데 고대의 책과 자료들을 공부하다가 우주의 중심을 지구가 아니라 태양이라고 생각한 사람들이 있다는 걸 알게 되었어. 그래서 태양과 지구의 위치를 바꿔 놓아 보았지. 그랬더니 프톨레마이오스의 이론으로는 매우 복잡하게 설명되었던 현상이 깔끔하게 해결이 되었어.

그런데 코페르니쿠스는 왜 이 책을 출간하기까지 30년이나 고민을 했을까?

교회의 힘이 강했던 중세 시대

코페르니쿠스가 살았던 시대를 중세라고 하는데, 그때는 교회의 힘이 막강했어. 신이 만든 우주는 완전무결하고, 신이 창조한 사람이 사는 지구가 우주의 중심에 있다고 생각했지. 그리고 달과 태양 밖의 하늘에는 신이 사는 천상의 세계가 있다고 믿었어. 만약 성서의 내용과 다른 주장을 했다가는 이단으로 몰려 엄청난 박해를 받아야 했지.

코페르니쿠스가 지동설을 완성한 건 1514년경이었어. 그때 이미 지구가 우주의 중심이 아니고 다른 행성처럼 태양 주위를 돈다고 주장

코페르니쿠스

하는 짧은 글을 써서 가까운 친구 몇 명에게 보여 주기도 했지. 하지만 책으로 내는 건 주저하고 있었어. 그런데 코페르니쿠스의 발견을 알게 된 레티쿠스라는 독일의 젊은 천문학자가 책으로 펴내자고 설득했어. 두려움 때문에 몇 번을 거절하던 끝에 마침내 죽음을 앞두고서야 책으로 낼 것을 결심했지.

코페르니쿠스의 이 책이 세상에 큰 파장을 불러일으켰냐고? 그의 걱정과는 반대로 오랫동안 반응이 거의 없었어. 책이 라틴어로 쓰여 있어서 일반인이 읽기도 어려웠고, 서문에 이 책이 우주의 운동을 설명하기 위한 생각일 뿐, 지구가 태양 주위를 돈다고 주장하는 건 아니라고 밝혔기 때문이야.

그런데 재미있는 사실은 서문의 내용이 코페르니쿠스가 쓴 게 아니라는 거야. 이 책을 편집한 오시안더라는 신부가 책 내용이 위험하다고 생각해서 슬쩍 끼워 넣은 거지. 그렇게 어렵게 출판했지만 《천체의 회전에 관하여》는 세상에서 잊히는 듯했어. 그런데 시간이 한참 흐른 뒤 이 책이 다시 논란이 되었지.

망원경으로
지동설을 확신한 갈릴레오

코페르니쿠스가 《천체의 회전에 관하여》를 출간한 지 73년이 지난 1616년, 로마의 어느 법정이야. 이번에 만날 주인공은 여러분도 잘 알고 있는 갈릴레오 갈릴레이야.

판결문
코페르니쿠스의 학설을 진실이라고 여기거나 옹호하지 말며
어떤 방법으로도 가르치지 말 것을 명령한다.

법정에서 갈릴레오의 재판에 대한 판결문이 낭독되고 있어. 세월이 70년도 더 흘렀지만 아직도 코페르니쿠스의 생각을 믿으면 안 된다는 얘기야.

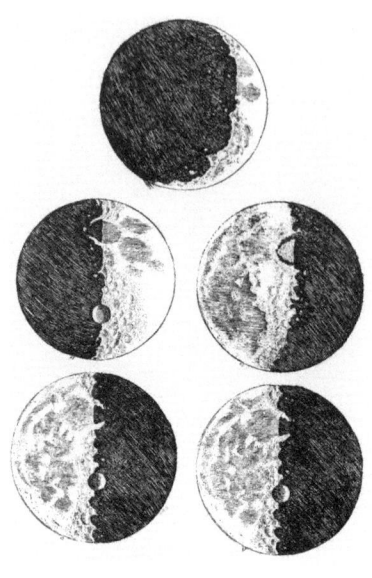

갈릴레오가 관찰하며 그린 달

갈릴레오는 왜 이런 판결을 받게 된 것일까? 1608년 갈릴레오는 네덜란드의 안경 제작자인 리퍼세이가 망원경에 대한 특허를 신청했다는 얘기를 전해 들었어. 자세히 알아보니 자신도 망원경을 만들 수 있겠더라고. 얼마 지나지 않아 그는 리퍼세이의 망원경보다 성능이 30배 더 뛰어난 망원경을 만드는 데 성공했지. 그런데 천체 관찰을 하면 할수록 깜짝 놀랄 일들이 자꾸만 생기는 거야.

갈릴레오가 처음 관측한 건 달이었어. 아리스토텔레스의 우주관에 의하면 달은 지상계와 천상계를 가르는 곳에 위치해 있으며, 매끄럽고 완벽한 공 모양이라고 생각했거든. 그런데 망원경 속의 달은 울퉁불퉁했어. 달이 울퉁불퉁한 것과 코페르니쿠스가 주장한 지동설과 무슨 관계가 있냐고?

달 표면의 모습은 지동설과는 관계가 없어. 다만 그동안 굳게 믿고 있던 아리스토텔레스의 우주론이 틀릴 수도 있다는 것이 무척이나 충격이었지. 또 목성에도 위성이 있다는 걸 발견하고는 더 놀랐어. 그때까지는 지구만 위성(달)을 갖고 있다고 생각했는데, 목성도 위성을 갖고 있으니 이제 지구가 우주의 중심이라는 생각도 틀릴 수 있는 건

프톨레마이오스

아닐까 하는 의심이 생긴 거지. 갈릴레오는 이 밖에도 태양의 흑점, 금성의 위상 변화 등을 관찰하면서 코페르니쿠스의 지동설을 완전히 믿게 되었고 이를 세상에 알리려고 했어.

그 결과는? 앞에서 본 것처럼 재판에서 다시는 코페르니쿠스의 학설이 옳다고 얘기하지 않겠다는 서약을 하게 되었지. 재미있게도 이 재판 때문에 코페르니쿠스의 《천체의 회전에 관하여》가 읽어서는 안 되는 금서 목록에 오르게 되었어. 그때까지는 존재감이 별로 없었는데 오히려 존재감이 생긴 거지.

두 번째 재판정에 선 갈릴레오

재판까지 받았으니 갈릴레오가 조용히 침묵을 지켰을까? 천만에! 그랬으면 우리에게 갈릴레오의 이름이 제대로 전해지지 못했을지도 몰라. 갈릴레오는 16년쯤 지난 1632년, 또다시 재판정에 섰어. 이유는 1630년에 교회의 눈치를 살펴 가며 쓴 《천문 대화》라는 책 때문이었지. 이 책은 프톨레마이오스와 코페르니쿠스를 대변하는 인물 두 명과 중립적인 인물 한 명이 대화하는 형식의 글이었어.

갈릴레오는 이 책에서 천동설이 잘못됐다고 쓰지 않고, 등장인물들이 하는 서로 다른 주장을 그대로 보여 주면 교황과 성직자들의 감시를 피해 갈 수 있다고 생각했어.

하지만 갈릴레오가 글을 너무 잘 쓴 게 문제였어. 책이 너무 재미있어서 베스트셀러가 되었고, 여기에 등장하는 심플리치오가 교황을 모델로 했다는 소문이 퍼진 거야. 심플리치오는 책에서 매우 어리석은 주장을 하는 인물이거든.

이렇게 교황청의 심기를 거스르게 된 갈릴레오는 다시 재판을 받게 되었어. 이때 갈릴레오의 나이는 이미 70세였지. 교황은 직접 심문에 참여해 갈릴레오에게 물었어.

"금지된 코페르니쿠스의 학설을 지금도 믿는 것인가?"

그러자 갈릴레오는 이렇게 대답했어.

"아닙니다. 나는 지구가 아니라 태양이 움직인다는 프톨레마이오스의 학설을 무조건 믿습니다."

물론 살기 위해서 거짓말을 한 거지. 재판정을 나오며 갈릴레오가 "그래도 지구는 돈다."라는 말을 했다고 알려져 있지만 근거는 별로 없어. 갈릴레오는 사형은 면했으나 평생을 집 밖을 나오지 못하는 가택 연금 상태로 지내야 했어. 물론 이후에도 과학자로서 탐구하고 책을 쓰는 일은 계속했지만.

지구가 돈다는 것을 증명한 학자들

천동설에 대한 믿음이 지동설로 바뀌는 과정이 참으로 험

갈릴레오 재판

난하지? 지동설은 갈릴레오 이후 요하네스 케플러, 튀코 브라헤 같은 천문학자들의 연구를 거쳐 그 유명한 아이작 뉴턴에 의해 더 이상 반박할 수 없는 이론으로 확실히 받아들여지게 되었어. 뉴턴이 떨어지는 사과를 보면서 모든 물체가 서로 끌어당기는 힘인 만유인력을 생각해 냈다는 유명한 이야기 알지?

바로 이 만유인력이라는 힘과 간단한 운동 법칙을 이용해, 뉴턴은 이제까지 알려진 천체의 운동을 수학적으로 설명함으로써 그동안 풀리지 않던 고민들을 한꺼번에 해결했어. 그래서 코페르니쿠스가 과학 혁명을 출발시킨 사람이었다면, 뉴턴은 과학 혁명의 종결자라고 평가

받고 있지.

 이번 여행을 끝내기 전에 덧붙일 얘기가 있어. 갈릴레오는 결국 지동설을 부정한 채 세상을 떠날 수밖에 없었지. 하지만 갈릴레오가 세상을 떠난 지 350년이 지난 1992년, 로마 교황청은 갈릴레오에 대한 판결이 잘못되었다는 걸 인정했어.

 아, 코페르니쿠스의 책 《천체의 회전에 관하여》가 아직도 금서 목록에 있냐고? 물론 아니지. 이 책은 출간된 지 약 300년이 지난 1835년에 금서에서 풀렸어. 이때 갈릴레오의 책도 함께 풀렸지.

궁금 pick

지동설을 주장한 다른 인물들

피타고라스(기원전 580년~기원전 500년)
지구가 움직인다는 생각은 나 피타고라스가 코페르니쿠스보다 2000년도 더 먼저 했다는 걸 알아줬으면 좋겠어.

여러분들은 나를 수학자라고 알고 있을 거야. 그래, 맞아. 내가 그 유명한 '피타고라스의 정리'를 만든 사람이지. 나는 나를 따르는 사람들과 함께 수학은 물론, 철학, 자연과학 등을 연구했어. 우리를 피타고라스학파라고 하지. 우리는 우주에 대해서도 많은 연구를 했어.

우리는 지구가 우주의 중심에 있는 불 주위의 궤도를 하루에 한 번씩 돈다고 생각했어. 물론 이 불은 태양이 아니고 태양도 이 불 주위를 돈다고 잘못 생각하기는 했지. 그래도 기원전 500년에 지구가 어떤 천체를 중심으로 돈다는 걸 생각했다는 게 놀랍지 않아? 그때는 사람들이 지구가 평평하다고 믿던 시절이었거든.

피타고라스와 그 학파

지동설의 역사를 얘기할 때 나를 비롯해 우리 학파의 이름은 거론되지 않는 게 너무 안타까워. 그래도 이런 연구가 후손들에게 영향을 미쳐서 우주가 움직이는 이치를 알게 됐으니 흐뭇할 따름이야.

아리스타르코스(기원전 310년~기원전 230년)

피타고라스 선생이 그 당시로서 놀라운 생각을 한 건 인정해. 하지만 그건 아이디어 수준인 거고, 나야말로 진정한 지동설의 창시자야. 앞에서 코페르니쿠스가 고대의 문헌을 연구하다가 지동설에 대해 주장한 사람이 있다는 걸 알게 됐다고 했는데 그게 바로 내가 쓴 글이거든. 세상 사람들이 코페르니쿠스만 알지, 내 존재를 잘 모르는 것 같아서 좀 속상해. 위키백과를 검색하면 나를 세계에서 가장 먼저 지동설을 알아낸 사람으로 소개하고 있어.

나는 태양과 달의 크기를 처음으로 계산했을 뿐만 아니라 〈태양과 달의 크기와 거리에 대하여〉라는 논문도 썼다고. 또 구체적으로 태양을 중심으로 나머지 행성들이 운동한다고 주장했어. 다만 시대를 너무 앞서갔던 거야. 그때 내 이론은 사람들의 믿음과 달랐기 때문에 받아들여질 수 없었어. 오히려 신을 모독했다고 사람들에게 비난을 받았고, 심지어 미친 사람 취급까지 받았지.

그래도 코페르니쿠스가 용케도 잠자던 내 이론을 발견해서 발전시킨 덕에 과학 혁명의 시작이라는 평가까지 받고 있다니 나도 기쁘구먼.

2장

보이지 않던 생물의 존재를
어떻게 알게 되었을까?
- 미생물의 발견

현미경으로
세포를 발견하다

지금 가까이 있는 생명체의 수를 한번 세어 볼까? 흠. 강아지 한 마리와 무슨 일인지 눈을 흘기며 보고 있는 동생, 이렇게 둘이 보인다고? 아니, 조금만 더 자세히 봐. 여러분의 몸도 살펴보고 말이야.

우리 몸에 눈에 보이지 않는 미생물이 산다는 정도는 이미 알고 있을 거야. 그렇다면 우리 몸에 사는 미생물 수가 수십 조 개가 된다는 사실은? 자, 여기서 1665년 가을 영국으로 가 보자. 이때는 갈릴레오가 세상을 떠난 지 23년이 흘렀고, 뉴턴이 살던 시대지.

뒷장을 보면 귀족으로 보이는 사람들이 책 한 권을 두고 둘러서 있는데 무슨 일일까? 이런, 숙녀 한 분이 기절하기 직전이네. 가서 부축해 드려야 할 것 같아. 앗, 이건 뭐지? 거대한 벼룩 그림이잖아. 으, 징그러워.

그런데 이 모습을 보면서 흐뭇해하는 저 사람은 누구지? 아하! 바로 이 책을 직접 쓰고 그림을 그린 로버트 훅이군. 이 책의 제목은 《마이크로그라피아》인데, 나오자마자 베스트셀러가 되었어. 이제까지 접하지 못한 낯선 세계에 대한 그림과 글에 사람들이 빠져든 거지.

이 책에는 벼룩, 이, 파리, 진드기 같은 작은 생물은 물론 눈의 결정이나 비단 조직을 확대한 매우 정교한 그림도 실려 있어. 지금 보는 저 벼룩의 그림은 크기가 무려 가로 45센티미터, 세로 30센티미터야. 깨알보다 작은 존재로 생각했던 벼룩의 무시무시한 모습을 이렇게 자세히 보게 되니까 사람들이 놀랄 수밖에.

그렇다면 로버트 훅이 현미경을 처음 만든 사람이냐고? 아니야. 아주 작은 사물을 더 크게 보기 위해 렌즈를 사용하는 일은 기원전 200년쯤에도 있었어.

지금과 같은 구조의 현미경을 발명한 사람은 네덜란드 암스테르담에 살면서 렌즈를 만들던 얀센 부자였어. 이들이 안경 렌즈를 만들다가 현미경을 발명하게 된 거야. 그때가 1590년이었지. 당시에는 현미경이 생물학에 가장 큰 영향을 끼칠 기구가 되리라는 생각을 아무도 못했지. 주로 해양 탐사를 할 때 사용했고, 모양도 망원경처럼 생겼어.

갈릴레오가 망원경을 처음 만든 건 아니지만 자신만의 망원경을 만들어 달을 관찰했듯이, 훅도 현미경의 원리를 이용해 조명 장치까지 갖춘 자신만의 현미경을 만들었어. 이것은 오늘날의 현미경과 비교해도 크게 뒤지지 않을 정도로 아주 정교했지.

《마이크로그라피아》에는 오늘날 사람들이 널리 사용하게 된 단어가

로버트 훅

최초로 실려 있어. 바로 '세포(cell)'야. 훅은 현미경으로 포도주 마개로 많이 쓰이는 코르크를 관찰하면서 벌집 모양의 구멍이 있는 걸 발견했어. 이것이 수도사들이 사는 작은 방 같다고 해서 세포라는 이름을 붙였지. 정확히 말하면 훅이 본 것은 세포가 아니라 세포벽이었지만 세포의 존재를 처음으로 발견해 생물학 역사에 길이 남을 일을 한 거야. 그래서 《마이크로그라피아》는 과학의 역사에서 가장 중요하고, 가장 독창적인 책이라는 평가를 받고 있어.

또 훅은 현미경으로 화석을 관찰한 뒤, 화석이 과거에 살아 있던 생물이었지만 지금은 멸종되어 광물화한 것이라고 말했어. 그런데 이 주장은 큰 논란에 휩싸였어. 왜냐고? 지동설을 받아들이기 힘들었던 이유가 신이 만든 완벽한 세계에 위배되어서인 것처럼, 신에 의해서 완벽한 세계가 창조되었다고 믿던 시기에 '멸종'된 생물이 있다는 건 받아들이기 힘든 생각이었거든.

훅은 영국 왕립학회*에서 최초의 실험 전문가로 41년 동안 일하면서 수많은 업적을 남겼어. 우리가 지금 보이지 않는 나노 세계까지 탐구할 수 있게 된 것도 훅의 이런 노력 덕분이지.

*영국 왕립학회 과학의 발전을 위해 1660년 영국에서 만들어진 학회

미생물학의 아버지, 안톤 판 레이우엔훅

로버트 훅이 당시 사람들에게 사상 최고의 발명가라고 불릴 만큼 현미경뿐 아니라 화학, 물리학, 기상학, 천문학 등 다양한 분야에서 업적을 이루었다면, 91세의 나이로 세상을 떠날 때까지 현미경을 개발하고 관찰하는 데 평생을 보낸 사람이 있어.

현미경의 역사에서 가장 중요한 인물인 안톤 판 레이우엔훅이야. 로버트 훅이 《마이크로그라피아》를 펴낸 지 9년쯤 지난 1674년으로 가 보자고.

레이우엔훅이 지금 몹시 흥분한 것 같아. 자신이 만든 현미경으로 지붕에서 내려온 빗물을 관찰하고 있는데 투명해 보이는 물속에 무엇인가가, 그것도 엄청나게 많은 것들이 있다는 걸 발견했거든. 여러 종류의 괴상하게 생긴 생명체들이 활발하게 움직이고 있었지. 생명체들의

크기는 너무 작아서 레이우엔훅은 '모래알 하나에 100만 마리를 넣을 수 있을 정도'라고 표현했어.

레이우엔훅은 이 놀라운 관찰의 결과를 2년 뒤인 1676년에 영국 왕립학회에 보냈어. 그 편지에는 "자연이 이렇게 엄청나게 작은 생명체들을 가지고 있다는 것을 상상할 수도 없었다."라고 적었지. 레이우엔훅이 자신의 발견을 얼마나 놀라워했는지 알 수 있는 대목이야.

생명체의 관찰

그런데 영국 왕립학회는 레이우엔훅의 주장을 믿지 않을 뿐만 아니라 조롱하기까지 했어. 왜냐하면 레이우엔훅이 교육을 받은 과학자가 아니라 옷감을 파는 상인이었거든. 실망한 레이우엔훅은 옷감의 질을 판별하는 데 현미경을 이용했어. 그러다가 현미경을 계속 개량해 혼자서 곰팡이, 피부, 벌의 침 등을 관찰해 온 거야.

이 사실을 알게 된 라이너 드 그라프라는 네덜란드 의사가 1673년에 왕립학회에 레이우엔훅을 소개했어. 왕립학회는 관찰 결과를 계속 보내오는 그의 열정에 감탄은 했지만, 당시에는 미생물의 존재가 전혀 알려져 있지 않았기 때문에 그의 실험을 그대로 믿기는 어려웠던 거야. 그때까지만 해도 작은 곤충이 가장 작은 생물이라고 생각하던 시기였거든.

결국 이 사실을 직접 확인하기 위해 로버트 훅이 레이우엔훅을 만나러 왔지. 그 결과 사실임이 인정되었고, 4년 뒤 레이우엔훅은 왕립학회의 회원으로 선출되었어.

　여기서 잠깐! 훅도 현미경으로 생명체들을 관찰했는데 왜 레이우엔훅이 관찰한 것을 보지 못했을까? 그 이유는 당시 훅의 현미경은 물체를 40~50배 정도로 확대할 수 있었고, 레이우엔훅의 현미경은 200~300배까지 확대할 수 있었기 때문이야.

유명 인사가 된 레이우엔훅

　레이우엔훅의 현미경은 크기가 손가락 길이 정도로(약 10cm) 아주 작고, 사진에서 보는 것처럼 놋쇠판에 렌즈 하나를 올려놓은 단순한 모양이었어. 레이우엔훅은 렌즈의 성능을 계속 향상시켜 가며 렌즈만 500개 넘게 만들었고, 현미경도 250개 정도를 만들었지. 이 현미경으로 1.35마이크로미터까지도 관찰할 수 있었어. 머리카락의 굵기가 40마이크로미터인 걸 감안하면 얼마나 정교했는지 상상이 가지?

　레이우엔훅은 이 현미경으로 별의별 걸 다 볼 수 있었어. 호수에서 떠온 물에서 녹조류와 편모류 같은

레이우엔훅이 만든 현미경 중 하나

원생동물을 발견해서 미생물학, 원생생물학 등이 탄생하게 했고, 사람과 동물의 모세혈관과 적혈구도 발견했을 뿐 아니라 사람과 동물의 정자가 헤엄치는 모습도 최초로 관찰했어.

레이우엔훅의 놀라운 발견이 알려지자 그는 유명 인사가 되었어. 러시아 황제인 표트르 대제, 영국 국왕인 제임스 2세 등이 현미경을 보기 위해 그를 찾아올 정도였거든.

레이우엔훅은 죽을 때까지 600여 통의 편지를 써서 자신의 관찰 결과를 왕립학회로 보냈어. 심지어 91세로 사망하던 날에도 편지를 보냈을 정도야. 그가 현미경을 통해 작은 세상을 들여다보는 일에 얼마나 열정을 쏟았는지 알 수 있어. 그런데 레이우엔훅은 현미경을 만드는 원리를 다른 사람에게 알려 주지 않았기 때문에 안타깝게도 그가 세상을 떠난 뒤 100년이 지나도록 이보다 나은 업적이 나오지 못했어.

인류를 질병에서 구한 파스퇴르

사람들이 로버트 훅과 안톤 판 레이우엔훅 덕분에 미생물의 존재를 눈으로 확인하게 됐지만, 미생물들 중 일부가 질병을 일으킨다는 사실은 미생물을 발견한 이후로도 한참 동안 알지 못했어.

당시 의사들은 피가 묻어 더러워진 수술복을 계속 사용하고 손도 씻지 않은 채 다른 사람을 수술해서 오히려 병을 옮기기도 했지. 이 때문에 환자가 사망하는 일도 많았어. 그런데도 수술복이 더러우면 더러울수록 수술 경험이 많다는 것을 나타내 준다고 오히려 자랑스러워했지.

그래서 이번에는 루이 파스퇴르를 만나기 위해 미생물을 발견한 뒤 200여 년이 지난 1854년 프랑스의 포도주 공장으로 가 보려고 해.

술 냄새가 좀 날 테니까 코를 살짝 막고 따라와. 현미경을 들고 공장 안으로 들어가는 저 남자가 바로 유명한 파스퇴르거든. 양조업자들에

게 현미경을 보여 주면서 뭔가를 설명하고 있어.

파스퇴르는 릴 대학의 화학과 교수로 학생들을 가르치고 있었어. 이 지역에는 포도주 양조 공장이 많았는데, 최근에 포도주의 맛이 자꾸 변질되어 식초처럼 변하는 거야. 또 식초를 만들려고 하면 식초가 아닌 이상한 게 만들어져 어려움을 겪고 있었지. 그래서 파스퇴르에게 원인을 알아봐 달라고 요청한 거야.

파스퇴르는 현미경으로 문제가 된 포도주를 살펴보았어. 그러자 동그랗고 통통한 모양과 길쭉한 막대 모양을 한 살아 있는 미생물들이 포도주 속에 섞여 있는 게 보였어. 그런데 제대로 만들어진 포도주에는 길쭉한 막대 모양이 없었지. 동그란 게 포도주를 발효시키는 효모이고, 길쭉한 게 맛을 변질시키는 세균이었던 거야. 파스퇴르가 실험으로 알아낸 사실들은 앞으로 인류를 수많은 질병에서 해방시키는 계기가 돼.

파스퇴르는 여러 번의 실험을 거쳐 60℃ 정도의 열을 1시간 동안 가하면 세균을 없앨 수 있다는 걸 알아냈어. 이렇게 하면 포도주의 맛이나 향, 색 등은 변하지 않으면서 세균 때문에 변질되는 걸 막을 수 있었지. 이 방법을 '저온 살균법'이라고 하는데 지금도 우유나 맥주를 만들 때, 맛은 지키면서 부패를 막는 방법으로 많이 사용되고 있어. 저온 살균법을 영어로 '파스퇴리제이션(pasteurization)'이라고 하는데, 파스퇴르의 이름을 딴 거야.

세균의 발견이 전염병 백신 개발로

그런데 포도주를 부패시키는 세균과 사람에게 질병을 일으키는 세균이 무슨 관계가 있을까? 파스퇴르가 위대한 업적을 남기게 된 것은 바로 이 현상을 전염병과 연관시켰기 때문이야. 파스퇴르는 포도주를 만들기도 하고 부패시키기도 하는 미생물들의 엄청난 힘을 보면서 미생물이 동물이나 사람의 생명을 위협할 수도 있지 않을까 하는 생각을 떠올린 거지. 이런 생각의 전환이 인류의 생명을 구할 수 있었던 거야.

자, 다시 26년이 지난 1880년으로 가 보자. 이곳은 파스퇴르의 실험실이야. 이 시기에는 콜레라와 탄저병이라는 전염병이 퍼져 많은 사람들이 생명을 잃고 있었어. 파스퇴르는 콜레라에 걸린 닭에서 채취한 콜레라균을 건강한 닭에게 주사해 반응을 살피는 실험을 하고 있었지. 파스퇴르는 닭이 죽을 거라고 예상했어. 그런데 뜻밖으로 닭은 처음에는 콜레라에 걸린 증상을 보이더니 금방 건강을 회복했어.

이것을 보고 파스퇴르는 닭을 죽이는 미생물이 닭을

파스퇴르

살리게도 할 수 있다는 아이디어를 떠올렸어. 이것이 바로 백신이었지. 약한 균이 먼저 몸에 들어가면 몸에서 그 균을 이겨 내는 항체를 만들기 때문에 다음에 더 강한 균이 들어와도 이겨 낼 수 있어. 여러분이 예방 주사를 맞는 이유도 바로 그 때문이야.

파스퇴르는 이후 탄저병 백신의 개발에 몰두했어. 2년 동안 10만 마리의 동물에게 접종했는데, 이 중 650마리만 죽었어. 접종을 받지 않은 동물들이 10만 마리당 9천 마리가 죽은 것과 비교하면 엄청난 성과였지. 또 개에 물린 사람들을 두렵게 만들었던 광견병의 백신을 개발한 사람도 파스퇴르야.

이렇게 미생물 중에서 사람과 동물에 영향을 미치는 세균의 존재가 밝혀지면서 사람의 수명은 획기적으로 길어졌어. 전염병을 악마가 일으키는 병이라고 믿었던 사람들이 질병을 예방하는 방법을 찾아내게 된 거지. 이처럼 현미경은 의학의 발전과 우리 삶에 크게 기여했어.

뉴턴에 가려진 천재 과학자, 로버트 훅

● **로버트 훅 선생님에 대해서는 아는 게 별로 없어요. 자기소개 좀 해 주세요.**

앞에서 나를 현미경의 역사에 있어서 가장 중요한 인물 중 하나로 소개했잖아. 하지만 나의 업적은 이것뿐만이 아니야. 생리학, 광학, 물리학, 천문학, 고생물학, 화학 등 업적을 남기지 않은 분야가 없을 정도니까. 나는 당시에 가장 위대한 실험 과학자로 인정받았고 과학 말고도 그림, 건축, 발명 등에도 뛰어난 실력을 가지고 있었지. 그래서 나를 영국의 레오나르도 다빈치라고 불렀을 정도야. 하하하. 특히 실험에 뛰어나서 마이클 패러데이라는 과학자가 나오기 전까지는 비교할 사람이 없었다니까.

● **그렇게 위대한 과학자였는데 왜 잘 알려지지 않은 거죠?**

이런. 훅 들어오다니. 나도 그 점이 정말 슬퍼. 고등학교 과학 수업에 '훅의 법칙'이 잠깐 나오는 정도이니 일반인들에게는 매우 낯설 거야. 이렇게 내가 잊힌 것은 모두 뉴턴 때문이라고. 흑흑. 뉴턴이 너무 뛰어나다 보니 내가 그 그늘에 가려진 거지. 우리가 서로 다른 시대에 태어났더라면 내 업적도 그렇게 가려지지는 않았을 텐데. 흑.

● **뉴턴 선생님과 어떤 일들이 있었는지 조금 더 자세히 말씀해 주세요.**

내가 뉴턴보다 일곱 살이 많았는데도 우리는 자주 티격태격했어. 첫 번째로 크게 부딪힌 사건이 빛이 입자냐 파동이냐 하는 문제였지. 물론 지금은 빛이 입자이기도 하고 파동이기도 하다는 게 밝혀졌다며? 어쨌든 그때 우리는 둘 다 고집이 세서, 다른 사람의 의견을 잘 받아들이지 못했어. 그 일로 뉴턴은 내가 왕립학회에서 일한다는 이유로 학회에 참여하지 않고 14년 동안이나 은둔했어. 그때만 해도 왕립학회에서는 내가 뉴턴보다 좀 더 힘이 있었거든.

● **두 사람이 또다시 부딪히게 된 사건은 무엇인가요?**

큰 갈등이 또 있었지. 1장에서 뉴턴의 만유인력 법칙이 과학 혁명을 종결시키는 역할을 했다고 했잖아? 그런데 만유인력은 내가 먼저 생각해 낸 거거든. 뉴턴이 《자연철학의 수학적 원리》라는 책에 만유인력 이론을 발표하기 13년 전인 1674년에 이미 "모든 천체가 자신의 중심을 향한 인력이나 중력을 갖는다."는 내용의 논문을 썼다고. 여기에 뉴턴이 주장한 운동 법칙에 대한 세 가지 가설이 모두 들어 있었지. 이뿐만 아니라 뉴턴이 만유인력으로 한창 고민하고 있을 때 아이디어를 편지로 보내 주기도 했는걸.

● **그러면 만유인력은 뉴턴과 훅 선생님 둘 다 생각한 거였군요?**

뉴턴이 이 이론을 발표할 때 당연히 나를 거론해 줄 거라고 생각했어. 그런데 내 이름을 쏙 뺐더라고. 말이 돼? 이건 표절이라고. 남의 아이디어를 마음대로 가져가서 쓰고 밝히지도 않는 것은 도둑질이나 마찬가지야. 내가 아니었으면 뉴턴은 만유인력의 법칙을 정립하지 못했을 거라고! 그 뒤로 긴 시간 동안 우리는 이 문제로 논쟁을 했지만, 나는 점차 늙었고 결국 뉴턴보다 20년 먼저 세상을 떠났지.

그런데 더 화가 나는 일이 있었지 뭐야. 내가 죽고 난 뒤 뉴턴이 왕립학회 회장을 맡으면서 내 논문과 원고들을 태워 버렸어. 하나밖에 없던 내 초상화까지도! 나의 위대한 업적들이 그때 대부분 사라진 거지. 아무리 뉴턴과 사이가 나빴다 해도 나는 같은 과학자로서 뉴턴의 실력은 인정했거든. 이것만큼은 정말 뉴턴이 잘못했다고 생각해.

- **그래도 훅 선생님을 재평가하려는 움직임이 있다고 들었어요.**

맞아. 그래서 억울한 마음이 좀 가라앉았어. 1935년에 내가 남긴 일기장이 발견되면서 《로버트 훅의 일기》라는 책으로 출간되고 2003년에는 내가 죽은 지 300년이 되는 해를 기념한다고 전시회도 열렸더군. 심지어 내 일기가 2014년 유네스코 세계기록 유산으로 지정되기도 했대. 그런데 좀 민망한 일도 생겼어. 일기장에 뉴턴이 죽었으면 좋겠다고 썼는데 그것까지 공개됐지 뭐야. 쩝.

- **과학자로서 가장 아쉬운 점이 있다면 무엇인가요?**

내가 뉴턴 때문에 잊힌 건 사실이지만, 사실은 한 가지 아이디어를 끝까지 완결시키지 못한 부분도 컸어. 과학은 주장과 아이디어로 끝나지 않고 수학적인 분석까지 있어야 인정받을 수 있거든. 뉴턴은 수학 공식으로 이론을 완벽하게 정리하는 데 아주 능했지. 나도 기하학 교수를 할 정도로 수학을 잘했지만, 떠오

른 아이디어를 끝까지 완결시키기에는 부족했어. 너무나 여러 분야에서 연구를 진행했고, 워낙 다양한 분야에 호기심이 많았거든. 그래도 죽는 순간까지 내가 좋아하는 연구를 할 수 있었던 건 행운이었다고 생각해.

3장

인류는 어떻게 전기를
쥐락펴락하게 되었을까?
- 전기의 발견

전기를 모으는
신기한 병

여러분은 인류의 역사를 가장 극적으로 바꾼 발견이 뭐라고 생각해? 여러 가지가 있겠지만 과학자들이 가장 많이 꼽는 게 있어. 이게 없었다면 유튜브에서 좋아하는 가수의 영상을 찾아볼 수도 없고, 멀리 사는 친척 집을 가기 위해서는 3박 4일을 걸어야 할 거야. 그게 뭐냐고? 그래, 맞아. 전기야.

이번에 가 볼 곳은 네덜란드의 라이덴이라는 도시에 있는 라이덴 대학이야. 때는 1746년. 온몸을 떨며 비명을 지르고 있는 아저씨가 보이네. 무슨 일이냐고? 전기에 감전된 거야. 아, 이제 진정이 좀 된 것 같은데 뭐라고 중얼거리는지 한번 들어 볼까?

"후유, 죽다 살았네. 프랑스를 통째로 준다고 해도 다시는 이런 고통을 경험하고 싶지 않아. 절대로!"

이 아저씨가 누구냐고? 피터르 판 뮈스헨브루크라는 과학자인데, 들어 본 적 없는 이름이지? 하지만 과학에 관심 있다면 라이덴 병에 대해서는 들어 봤을 거야. 이 병을 뮈스헨브루크 병이라고 불렀으면 우리가 그의 이름을 기억할 텐데 지역 이름을 따서 라이덴 병이라고 하는 바람에 낯선 이름이 되었지.

지금 이 장면이 역사에서 인류가 최초로 전기를 저장하게 된 순간이야. 전기가 존재한다는 것은 꽤 오

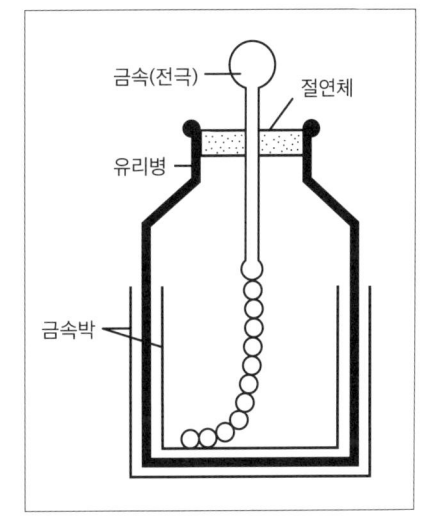

라이덴 병의 구조

래전 사람들도 알고 있었어. 기원전 600년경 고대 그리스의 탈레스는 호박이라는 광물에 작은 물체가 달라붙는 걸 보고 물체를 문지를 때 정전기가 생긴다는 걸 알았거든.

전기는 잠깐 나타나는 신비한 현상으로만 여겨졌어. 그러다가 1600년대에 드디어 마찰 전기를 발생시키는 장치를 이용해 전기를 만들 수 있게 되었지. 하지만 이렇게 얻은 전기는 바로 사라져 버렸어. 머리카락을 풍선으로 문지르면 전기가 발생해서 머리카락이 풍선에 붙지만 금방 떨어져 버리잖아.

1700년대에 들어서면서 많은 과학자들이 전기에 관심을 가졌어. 1746년 어느 날, 뮈스헨브루크도 마찰 전기 장치로 전기 실험을 하고

있었지. 전기를 띠도록 만든 유리병을 한 손으로 잡고, 다른 손으로 전기 발생 장치와 연결된 철사를 유리병에 넣었는데 갑자기 거대한 충격이 온몸을 휘감는 거야. 이 유리병 안에 전기가 저장돼 있었던 거지.

이렇게 우연히 인류는 전기를 한곳에 저장할 수 있는 방법을 찾게 되었어. 최초의 전기 저장 장치인 셈이지. 사실 라이덴 병은 독일의 클라이스트라는 과학자도 비슷한 시기에 발명했어. 누가 진짜 최초의 발명자냐고? 논란 끝에 둘 다 각각 라이덴 병을 발명한 것으로 결론이 났지.

연으로 전기를 모은 프랭클린

라이덴 병은 그야말로 인기 폭발이었어. 1746년 프랑스의 물리학자 장 앙투안 놀레는 라이덴 병 하나에 200명의 사람들이 손에 손을 잡고 늘어서게 한 다음 전기 충격을 가해서 다 같이 팔짝 뛰는 모습을 연출하기도 했거든.

이 밖에 번개가 전기라는 걸 증명하기 위해 연을 날려서 전기를 모은 벤저민 프랭클린 이야기는 많이 들어 봤을 거야. 프랭클린이 번개의 전기를 모으기 위해 사용한 병이 바로 라이덴 병이야. 그는 라이덴 병에 전기가 모이는 것처럼 구름의 가장자리에도 대기 중의 전기가 모일 거라고 생각하고 이를 증명하고자 했어.

그러던 중 1752년, 번개가 치는 날 연줄에 철사를 연결한 후 연을 날려서 번개의 전기가 라이덴 병으로 흘러내리게 했어. 이 실험은 자칫

하면 목숨을 잃을 수도 있는 위험한 일이었지. 실제로 이 실험을 따라 하다가 두 명이 목숨을 잃었어.

프랭클린은 실험에 성공한 후 구름 속에 있는 번개를 땅으로 끌어내려 번개로 인한 피해를 줄이는 피뢰침을 발명하기도 했어.

이렇게 라이덴 병으로 전기를 저장할 수 있게 되자 과학자들은 본격적으로 전기의 존재를 밝힐 연구를 하게 되었어.

프랭클린의 실험

전기를 인류의
손에 쥐여 준 볼타

자, 이번에는 1796년의 이탈리아로 가 보자. 혀를 쑥 내밀고 몸을 부르르 떨고 있는 이 사람은 누구일까? 자세히 보면 서로 다른 금속을 철사로 연결해서 혀에 대서 확인을 하고 있어. 과학자들은 이렇게 자기 몸을 기꺼이 실험 도구로 사용한다니까. 이 사람은 알렉산드로 볼타야. 우리가 전압을 나타낼 때 쓰는 '볼트'라는 단위가 바로 이 이름에서 따온 거야.

이 장면이 왜 중요한 걸까? 이 역사적인 실험을 설명하려면 개구리 뒷다리 얘기부터 먼저 해야 해. 갑자기 웬 개구리 뒷다리냐고? 전기의 역사에서 매우 중요한 역할을 한 개구리 님이 계시거든.

1780년, 이탈리아의 과학자인 루이지 갈바니는 개구리 다리의 근육 신경 조직을 서로 다른 금속 조각들과 접촉시켜 놓으면 다리에 경련

이 일어난다는 걸 발견했어. 갈바니는 개구리 몸속에 전기를 발생시키는 조직이 있기 때문에 금속에 연결되면 전기가 흐른다고 생각했지.

흐르는 전기

볼타는 갈바니의 실험 결과를 듣고 전기의 세계에 푹 빠지게 되었어. 그동안 전기라면 사람들은 흐르지 않는 전기, 즉 정전기밖에 몰랐지. 우리가 앞에서 본 라이덴 병이 정전기를 모으는 거였잖아.

그런데 갈바니의 실험을 들여다보면 금속과 개구리 다리 사이에 전기가 흐른다는 거였어. 볼타는 이렇게 전기가 흐를 수 있다는 사실에 흥분해서 갈바니의 실험을 반복하다가 중요한 사실을 발견하게 되었어. 개구리 뒷다리가 전기를 만든 게 아니라 개구리 다리에 연결된 서로 다른 두 금속이 접촉하면서 생긴 전기가 개구리의 다리를 움직이게 한 거라고 말이지.

볼타 전지

볼타가 혀에 두 금속을 놓고 자기 몸에 전기를 통하게 하는 실험이 바로 그걸 확인하는 장면인 거야. 이를 통해 볼타는 생물의 몸 없이 금속만 있어도 전류가 흐른다는 것을 알게 됐어. 그리고 아연판과 구리판 사이에 물이나 소금물에 적신 두꺼운 종이를 켜켜이 쌓으면 전기가 흐른다는 것을 실험으로 증명했지.

우리가 쓰는 휴대전화나 노트북 등에 들어가는 전지가 바로 여기서 시작된 거야. 볼타 덕분에 우리가 지금처럼 전기를 들고 다니면서 편리하게 사용하게 된 거지.

자, 이번에는 전혀 다른 영역이라고 생각했던 분야와 전기가 한 몸이 되는 사건을 살펴보러 가자. 물리에 관심이 많은 독자는 벌써 눈치챘으려나?

갈바니 덕에 탄생한 심장 박동기

갈바니의 주장처럼 동물이 전기를 생산하는 건 아니었지만, 갈바니의 연구는 죽어 가는 사람을 살리는 데 커다란 역할을 했다. 갈바니는 죽은 개구리의 심장에 전류를 흘렸을 때 심장 근육이 수축하는 걸 발견했는데 이를 연구해 전기 충격으로 심장 박동을 회복시키는 응급 처치법과, 심장 박동기 등이 개발되었다.

마침내 만든
대형 발전기

1820년 4월. 볼타가 볼타 전지를 발명한 지 24년쯤 지난 때야. 이즈음 사람들은 과학자들의 실험 장면을 마치 콘서트를 보듯이 즐겼어. 오늘은 한스 크리스티안 외르스테드라는 과학자가 무대에서 멋지게 실험을 하고 있어. 그런데 왜 저렇게 당황한 걸까? 누가 가서 땀 좀 닦아 줘야 할 것 같은데?

지금 무슨 일이 일어났냐면 볼타 전지 주변에 우연히 나침반을 놔두었는데 북쪽을 가리키던 나침반 바늘이 다른 방향으로 움직여 버린 거야. 눈치 빠른 청중들은 외르스테드의 실험 장치에 문제가 있는 게 아닌지 궁금해하고 있어.

눈치챘겠지만 외르스테드를 진땀 나게 한 이 사건은 전기의 역사에 있어서 아주 중요한 발견이었어. 나침반은 자기장에 의해 움직이는 건

데, 자기장이 아닌 전류가 흐르는 방향에 따라 움직여 버린 거야. 외르스테드가 전류의 방향을 바꿨더니 나침반 방향도 바뀌었거든. 이 발견은 서로 다른 분야로 알고 있던 전기와 자기장이 만나는 역사적인 순간이었어.

사실 이 현상을 외르스테드가 처음 본 건 아니었어. 배를 타고 항해를 하던 선원들은 번개가 가까운 곳에서 칠 때면 나침반의 바늘이 빙글빙글 도는 걸 여러 번 봤거든. 번개가 전기 현상이라는 건 알았지만 도대체 왜 전기가 발생하는데 나침반 바늘이 움직이는지 이유를 몰랐던 거지.

전류의 흐름이 자기장을 발생시킨다는 소식을 들은 영국의 한 과학자는 이 연구를 기반으로 새로운 연구를 시작했어. 바로 '과학자들이 가장 존경하는 과학자'로 꼽히는 마이클 패러데이야. '패러데이의 법칙'을 들어 본 사람이라면 익숙할 수도 있겠네.

패러데이는 전류가 흐르는 전선 근처에서 나침반의 바늘이 움직인다면 반대로 자기장이 있는 곳에서도 전류가 흐르지 않을까 생각했어. 그야말로 역발상이었지. 그는 이 생각을 증명하기 위해 무려 10년 동안 실험하고, 실패하고 실험하고 실패하기를 반복한 끝에 드디어 증명해 냈어.

1831년, 패러데이는 전류가 흐르지 않는

패러데이

금속선 근처에서 자석을 빠르게 움직여 자기장을 변화시키면 전류가 흐르게 된다는 걸 밝혀냈어. 이걸 '전자기 유도 법칙'이라고 하는데, 우리가 오늘날 발전소에서 전기를 생산해 내는 원리이기도 하지. 이 덕분에 발전소에서 대량으로 전기를 만들어 낼 수 있고, 우리는 어디에서든 컴퓨터와 냉장고, 세탁기를 쓸 수 있게 된 거야.

세기의 라이벌, 에디슨과 테슬라

많은 사람들이 전기를 사용할 수 있게 하는 데 가장 큰 공을 세운 두 인물이 바로 토머스 에디슨과 니콜라 테슬라죠. 1879년 에디슨은 최초로 실용적으로 사용할 수 있는 전구를 발명했고, 1884년 테슬라는 현대 전기 문명의 근간이 된 교류 전기를 발명했습니다. 그런데 이 두 분은 오랫동안 격렬하게 싸운 걸로 유명하지요. 오랜만에 두 분을 한자리에 모시고 이야기를 나눠 보겠습니다.

에디슨: (거만한 표정으로) 어이, 테슬라. 오랜만이네? 이렇게 만나니 반갑군.

테슬라: (못마땅한 표정으로) 난 전혀 반갑지 않습니다.

에디슨: 아직도 나에 대해 감정이 있나 보군. 자네가 나를 아무리 싫어해도 사람들은 나를 발명왕이라고 칭송하고 위대한 인물로 생각하고 있어. 내 위인전 한번 안 읽어 본 사람이 없을걸?

테슬라: 당신은 남의 아이디어를 훔치는 데 능하지. 전구를 만들 때도 스완의 아이디어를 도용한 거잖아. 그걸 거꾸로 스완한테 뒤집어씌우다가 패배했다는 걸 사람들이 잘 몰라서 그래.

에디슨: (조금 당황한 듯) 아! 그래, 그건 인정하지. 하지만 상업적으로 널리 사용될 전구를 만든 건 내 업적이야. 정말 수천 번이나 실험하면서 만들어 낸 거였다고.

에디슨(왼쪽)
테슬라(오른쪽)

테슬라: 전구의 발명에 중요한 일을 한 건 인정한다고 해도, 당신이 나쁜 사람이라는 건 변하지 않아. 내가 교류 전기를 발명했을 때도 그래. 나를 좌절시키려고 교류 전기로 사형 집행용 의자를 만들어서 교류 전기가 위험한 것처럼 사람들이 오해하게 했잖아!

에디슨: 워워! 성격은 여전하군. 나는 전류가 한 방향으로 흐르는 직류 전기가 더 유용하다고 생각했으니까. 직류가 전기 시스템의 표준이 되어야 했어. 그때 이미 전국에 직류 전기 시스템을 깔고 있었다고. 하지만 결국 자네가 만든 교류 시스템이 더 성공을 거두었지.

테슬라: 하지만 당신은 교류 시스템을 개발한 내 업적까지도 가로채려고 했지.

에디슨: 큼큼. 그래……. 그래도 후대의 사람들은 점점 나보다 자네를 사랑하는 것 같더군. 대표적인 전기 자동차 회사가 자네 이름을 따서 회사 이름을 '테슬라'라고 지었다며? 그리고…… 사실 이건 미처 얘기 못 했는데 나도 말년에 자네를 괴롭힌 걸 많이 반성했다네. 자네의 천재성에 질투를 느꼈나 봐. 미안허이.

테슬라: 흐음. 그렇게 얘기하니 나도 좀 머쓱하군. 당신 덕에 집집마다 전기를 연결할 수 있게 됐으니 칭송받을 만한 건 사실이지. 그건 나도 인정할게.

아, 아름다운 장면이네요. 앙숙이었던 세기의 라이벌이 이렇게 화해를 한 건가요? 두 분이 살아 있을 때 화해를 했으면 더 좋았겠다는 마음을 전하며 이만 인터뷰를 마치겠습니다. 슝~

4장

인류는 어떻게 원자의 존재를 밝혀냈을까?
- 원자의 발견

원소를 발견한 화학 천재 라부아지에

작아도 너무 작아서, 종이 한 장 두께에 백만 개가 들어갈 만큼 작은 존재인 원자를 우리는 어떻게 발견했을까? 원자라는 말만 들어도 어렵다고? 혹시 리처드 파인만이라는 이름을 들어 본 적 있니? 파인만은 아인슈타인 다음으로 유명한 천재 물리학자야. 파인만에게 만약 인류가 멸망하고 20명의 학생이 남아서 무너진 세상을 다시 일으켜야 한다면 이들에게 무슨 말을 남기고 싶은지 묻자 이렇게 말했어.

"저는 '이 세상의 모든 것은 원자로 이루어져 있다.'는 말을 전하고 싶습니다."

이 말을 들으면 원자가 어렵기는 해도 왜 인류를 구원하는 데 가장 중요한 존재인지 호기심이 생기지 않아? 과학은 이런 호기심에서 시작하거든.

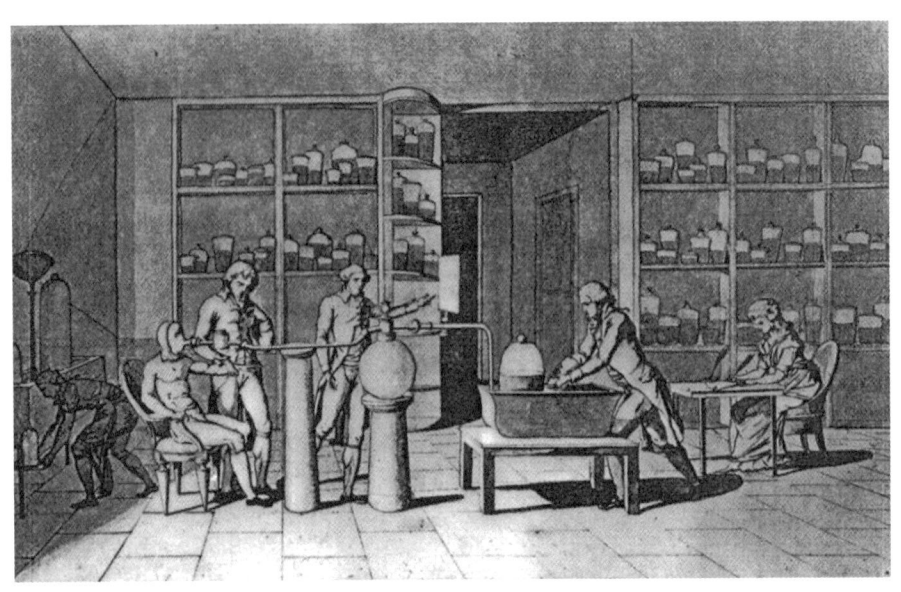

라부아지에의 실험실

 자, 이제 1770년의 프랑스로 떠나 보자. 이곳은 화려하게 꾸며진 실험실이야. 저기서 유리 플라스크를 가열하고 있는 과학자가 돈이 좀 많거든. 세금 징수원으로 일하면서 지금으로 치면 1년에 150억 원 정도를 벌었어. 그리고 이렇게 벌어들인 돈을 값비싼 실험 장비를 갖추는 데 썼지. 다이아몬드를 태우면 탄소가 된다는 걸 증명하기 위해 진짜로 값비싼 다이아몬드도 태웠다니까. 물론 실험을 위해 협찬을 좀 받긴 했지만 말이야. 저 사람의 이름은 앙투안 로랑 드 라부아지에. 화학의 아버지, 화학 혁명을 일으킨 과학자로 칭송받고 있지.
 라부아지에는 유리 플라스크에 물을 넣고 무려 101일 동안이나 끓였어. 도대체 물을 왜 3개월 넘도록 끓였냐고? 자세히 보면 플라스크 안에 찌꺼기가 생긴 게 보일 거야. 너무 하찮아서 실망스러운 마음이 들지도 모르지만, 이 실험은 2천 년 넘게 인류가 믿어 왔던 생각을 뒤집었어.

사람들은 물을 플라스크에 넣고 끓이면 침전물이 생기는 현상을 두고 물이라는 원소에 불이라는 원소가 더해져서 흙이라는 원소로 변한 거라고 여겼지. 이렇게 물이 흙으로 변할 수 있다고 생각했기 때문에 흙이 없이 물만 있어도 식물이 자랄 수 있다고 믿었어.

하지만 라부아지에는 아주 꼼꼼한 성격이었어. 그가 여러 가지 새로운 발견을 하게 된 데에는 꼼꼼하게 실험하고 기록한 덕도 컸어. 라부아지에는 다른 과학자와 달리 플라스크에 아무것도 들어가지 못하게 둘레를 꽉 막고, 실험 전에 플라스크와 물의 무게를 정확하게 재서 기록해 뒀어.

오랫동안 물을 끓이자 찌꺼기 같은 것이 떴는데, 라부아지에는 찌꺼기를 걸러 무게를 재고, 실험 후의 물의 무게와 플라스크의 무게가 어떻게 달라졌는지 비교했지. 그랬더니 찌꺼기의 무게와 줄어든 플라스크의 무게가 비슷하다는 걸 발견했어. 물에 뜬 찌꺼기는 플라스크가 녹아 생긴 침전물이었어. 101일 동안 끓였으니 플라스크가 녹아 버린 거야.

이렇게 해서 라부아지에는 물이 흙으로 변한 게 아니라 플라스크가 녹아서 침전물이 생겼다는 걸 증명했어. 지금 생각하면 너무나 당연한 얘기지만 당시로서는 놀라운 발견이었고, 이를 계기로 사람들이 오랫

동안 진리로 믿어 왔던 '4원소설'은 깨지게 되었어.

4원소설

4원소설은 세상에 존재하는 물질의 근원이 물, 불, 공기, 흙이며, 이 4가지 원소의 배합에 따라 모든 물질이 만들어진다는 내용이야.

4원소설은 고대 그리스의 자연철학자인 엠페도클레스가 처음으로 주장한 이후 아리스토텔레스에 의해 더 견고해져 2천 년을 내려오고 있었거든. 앞에서도 아리스토텔레스 때부터 내려온 천동설을 사람들이 2천 년 동안 믿었다고 했잖아. 이 여행을 하다 보면 아리스토텔레스를 자주 만나게 될 거야. 아리스토텔레스가 만들어 놓은 많은 이론들이 그만큼 정교했다는 얘기지.

산소를 발견한 사람, 산소를 발명한 사람

이렇게 견고했던 4원소설에 금이 가면서 과학자들은 세상을 구성하는 원소에 대해 새롭게 고민하고 연구하게 되었어. 라부아지에가 물이 흙으로 변하는 게 아니라는 것을 밝힌 이후 5년이 지났을 때야. 라부아지에는 영국의 화학자인 조지프 프리스틀리와 만났어. 프리스틀리와 라부아지에는 화학의 역사를 바꿀 엄청난 얘기를 나누었어. 그런데 중요한 건 정작 프리스틀리 자신은 그걸 잘 몰랐다는 거지.

"아, 글쎄. 수은 가루를 가열했더니 금속 상태의 수은으로 변했는데, 이때 새로운 기체가 생기더군요. 그래서 이 기체를 용기 안에 담고 쥐를 넣어 봤죠."

"그랬더니 어떻게 되었나요?"

라부아지에는 호기심이 가득한 얼굴로 프리스틀리에게 바짝 다가섰어.

"쥐가 아주 활발히 움직이더군요. 그래서 이번에는 촛불을 넣어 봤어요. 역시 더 잘 타더군요. 아무래도 '플로지스톤'이 빠져나간 공기가 아닐까 해요."

잠깐! 프리스틀리라는 이름도 낯선데 플로지스톤은 또 무슨 어려운 용어냐고? 조금만 찬찬히 들어 보면 그렇게 어렵지 않아. 4원소설을 믿던 사람들은 4가지 원소 중에서 불에 가장 관심이 많았어. 이들은 불로 물질을 태우면 다른 모습으로 변하는 것을 보면서 태우기 전의 물질에서 어떤 성분인가가 빠져나간 거라고 생각한 거야. 그리고 빠져나간 자리는 공기가 채운다고 생각했지. 나무를 태우면 재가 되는 것처럼 말이야. 나무에서 뭔가가 빠져나가서 재가 되었다고 생각한 거지. 이렇게 빠져나간 뭔가가 바로 플로지스톤이야.

그런데 프리스틀리의 말을 들은 라부아지에의 눈이 빛났어. 라부아지에는 나무가 탈 때 뭔가가 빠져나가서 재가 된 게 아니라, 반대로 무언가가 들어와서 합쳐졌을 거라는 생각을 하고 있었거든. 나무나 종이처럼 타면 무게가 줄어드는 물질도 있지만, 황이나 다이아몬드를 태울 때는 무게가 늘어나니까. 프리스틀리를 비롯한 과학자들은 이를 두고 마이너스 무게를 가진 플로지스톤이 있어서 그렇다고 복잡하게 설명했어.

그런데 라부아지에는 '플로지스톤이 빠져나간 공기'라고 프리스틀리가 말한 기체가 바로 자기가 다이아몬드를 태울 때 무게를 늘리게 한 기체라는 걸 깨달았지. 그 기체를 만드는 방법을 프리스틀리한테 듣게 된 거야.

라부아지에는 이후 실험을 통해 이 기체를 만들어 내고 '산소'라는 이름을 붙였어. 우리가 지금 숨 쉬면서 들이마시는 산소의 존재가 이렇게 밝혀진 거지.

프리스틀리는 자신이 얼마나 위대한 발견을 했는지를 몰랐기 때문에 산소 발견의 업적이 라부아지에에게로 넘어간 거야. 그래서 프리스틀리를 산소의 발견자, 라부아지에를 산소의 발명자라고 부르기도 해.

원소라는 용어가 이때 처음으로 등장하는데, 라부아지에는 '화학적인 방법으로 더 이상 나눠질 수 없는 물질'을 원소라고 정의하고, 원소에 대한 연구를 계속해서 산소와 만나면 물이 되는 기체를 발견했지. 여러분이 알고 있는 수소야. 이 이름도 라부아지에가 처음 붙였어. 이뿐만 아니라 다양한 원소 분류 실험을 진행했고, 《화학 원론》이라는 책에서 33종의 원소를 정리해서 발표했지.

이러한 라부아지에의 연구는 근대 화학의 기초를 만들었기 때문에 화학 혁명이라고까지 부르게 된 거야. 최초로 화학 교과서를 만든 사람도 라부아지에였지. 그러니까 화학이라는 학문을 새롭게 만들어 낸 인물인 거야.

왜 라부아지에가 화학의 아버지로 불리는지 이제 알겠지? 그런데 말이야, 라부아지에는 비극적인 죽음을 맞이한 과학자로도 유명해. 라부아지에가 세금 징수원으로 돈을 많이 벌었다고 했잖아. 이 때문에 프랑스 혁명이 일어났을 때 50세의 나이로 단두대에서 처형을 당하고 말았어.

만약에 라부아지에가 일찍 세상을 떠나지 않았다면 아마 원자의 발견에도 라부아지에의 이름이 붙었을 거라고들 해.

탄산음료의 탄생

산소를 처음 발견한 프리스틀리의 집 근처에는 양조장이 있었다. 그는 양조장의 술통에서 뽀글뽀글 거품을 내면서 나오는 기체가 늘 궁금했다. 그래서 실험실에서 이 기체를 만든 다음 물속에 넣어 마셔 보았더니 맛이 시원하고 상큼했다. 이 기체가 바로 이산화탄소다. 프리스틀리는 최초로 탄산음료를 마신 사람인 셈이다. 이 내용이 담긴 프리스틀리의 논문을 읽은 사람이 처음 탄산음료를 만들었고 그 덕분에 오늘날 탄산음료가 널리 퍼지게 되었다.

단단한 공 같은 원자

원자라고 하면 어떤 모양이 떠올라? 둥근 모양에 작은 원들이 바깥을 감싸고 있는 모습이 떠오를 거야. 원자의 크기는 원자 100만 개를 이어 붙여야 겨우 종이 한 장 두께가 될 정도로 작은데, 이렇게 작은 존재를 어떻게 알아냈을까?

라부아지에가 이 세상을 구성하는 기본 물질이 원소라는 걸 알아냈다면, 이번에는 그 물질의 단위가 원자라는 걸 밝히고 구조를 알아낸 과학자를 만나러 갈 거야. 라부아지에가 단두대에서 죽음을 맞이한 지 8년이 지난 1802년 영국의 켄들이라는 마을이지.

사람들이 너도나도 시계의 시간을 맞추고 있네. 시간을 알리는 종소리라도 들리는 거냐고? 아니야. 바로 존 돌턴이 기상 관측을 하러 가는 걸 보고 시간을 맞추는 거야. 영국의 과학자 돌턴은 57년 동안이나

기상 관측을 한 것으로 유명해. 돌턴은 하루도 빠짐없이 기상을 관측하고 기록했는데, 세상을 떠난 날에도 '오늘, 비가 조금 내리다. 밤'이라고 일기장에 기록을 남길 정도였어. 일기도 매일 밤 9시 15분에 꼬박꼬박 썼다니 대단히 규칙적인 사람이었나 봐.

돌턴은 매일매일 기상 관측을 하면서 대기를 연구했어. 주말에는 산으로 올라가 땅 위의 공기와 산 위의 공기 차이를 연구했지. 그 과정에서 공기가 몇 가지 종류의 기체가 섞여 구성됐다는 걸 알게 되었어. 이 기체들이 바로 라부아지에가 말한 원소라는 것도 알게 되었고.

데모크리토스가 주장한 원자설

돌턴은 기체가 어떻게 액체에 녹는지 궁금했어. 라부아지에에게 산소의 존재를 알려 준 프리스틀리 기억나지? 프리스틀리의 방법으로 이산화탄소를 물에 녹여 만든 탄산수가 대히트를 쳤거든. 돌턴은 이 원리가 궁금했던 거야. 이산화탄소가 물에 녹는 현상을 고민하다가 문득 이산화탄소 알갱이와 물 알갱이가 서로 섞이는 게 아닐까 하는 생각을 하게 됐어. 크기가 다른 자갈과 모래가 섞이는 것처럼 말이야.

다시 말하면 원소가 입자라는 걸 생각해 낸 거야. 이 입자가 바로 원자인 거지. 원소와 원자의 관계를 밝혀낸 혁명적인 사건이었어. 이렇게 '돌턴의 원자설'이 탄생했지. 돌턴은 모든 물질은 더 이상 쪼개지지 않는 미세한 입자인 원자로 구성되어 있는데, 단단한 공과 같은 모양이라고 주장했어.

그래서 작은 원으로 원자를 표현했어. 탄소는 검게 칠하고, 산소는 그냥 하얀 원으로 표현했지. 또한 수많은 실험을 통해 가장 가벼운 원소가 수소라는 걸 알아내고는 수소의 질량을 기준으로 다른 원소의 질량을 측정할 수 있다는 걸 밝히기도 했어.

사실 원자설은 돌턴이 처음 주장한 건 아니야. 기원전 400년경 고대 그리스의 철학자인 데모크리토스가 이미 "물질은 더 이상 쪼갤 수 없는 작은 입자들인 원자로 구성되어 있고, 이 입자들이 결합하고 분리되면서 다양한 물질이 만들어진다."라는 주장을 했어. '원자(atom)'라는 단어도 데모크리토스가 사용한 말이야. 그리스어로 '아토모스(쪼갤 수 없는)'에서 유래했거든. 하지만 아리스토텔레스의 4원소설에 가려져 기나긴 시간 동안 빛을 못 본 거지.

그렇다면 돌턴의 원자설은 금방 받아들여졌을까? 물론 아니야. 새로운 이론이 받아들여지는 게 쉽지 않다는 걸 알잖아. 데이비 험프리라는 과학자는 돌턴의 원자설이 어리석은 공상이라며 비웃었어. 하지만 '일정 성분비의 법칙', '배수 비례의 법칙', '질량 보존의 법칙' 같은 여러 과학 법칙들이 원자설로 설명이

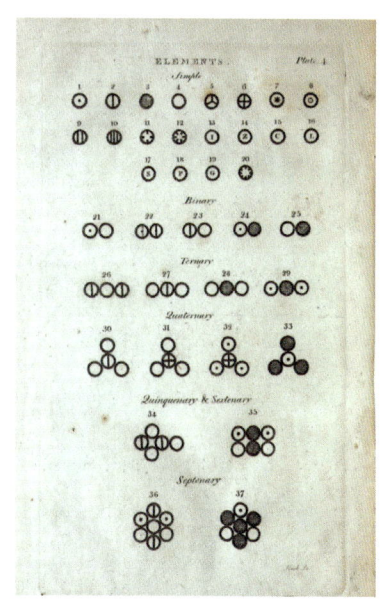

돌턴이 표현한 원자의 상징적 모형

되자 마침내 인정받게 되었지.

돌턴의 원자설을 이해하기 어려우면 원소가 원자라는 입자로 이루어져 있다고 주장한 것과, 원자의 모양을 딱딱한 공 같다고 얘기한 것 정도만 이해하고 넘어가도 돼.

돌턴이 주장한 원자설
- 모든 물질은 원자로 이루어져 있다.
- 같은 원소는 크기와 질량 및 성질이 같다.
- 원자는 더 이상 쪼개질 수 없다.
- 원자는 다른 원자로 바뀔 수 없으며, 없어지거나 새로 생겨나지 않는다.
- 원자들이 결합하거나 분리되면서 화학 반응이 일어난다.

돌턴의 원자설은 나중에 원자의 내부가 더 밝혀지기도 하고, 다른 원자로 바뀌는 원소가 발견되는 등 계속해서 새로운 이론으로 수정되었다.

더 작은
입자들의 발견

 원자가 더 이상 쪼개지지 않는 단단한 공 모양이라고 생각한 돌턴의 원자설은 완벽하지 않았지만, 이를 발판으로 원자의 존재가 점점 우리 앞에 모습을 드러내게 되었어. 이후에 과학자들이 원자의 내부를 더 자세히 밝혀냈거든.
 자, 이제 원자의 실체가 밝혀지는 역사적 장면을 찾아가 보자.
 돌턴이 원자설을 주장한 지 100년쯤 지난 1904년, 드디어 이 모형이 수정되는 중요한 사건이 일어났어.
 뒷장에 이상하게 생긴 도구 보이지? 그 안에는 녹색의 형광 빛이 흐르는데 이 기구가 '음극선관'이라는 거야. 공기를 뺀 진공 상태를 만들어서 양쪽에 전압을 걸어 주는 건데, 그러면 음극(–)에서 빛이 나와서 양극(+)으로 가는 걸 볼 수 있거든. 빛이 음극에서 나왔다고 해서 음극

선이라고 부르는 거야.

아, 빛을 보고 있는 사람이 누구인지 소개를 안 했네. 영국 케임브리지 대학의 교수인 조지프 존 톰슨이야. 지금 톰슨은 몇 시간째 음극선관 앞에서 고민 중이야. 음극선관에다 자석을 댔다가 뗐다가를 반복했는데, 자석을 갖다 대면 음극선이 휘어졌기 때문이야.

자석에 반응을 한다는 건 저 빛이 전기를 띤 물질이라는 걸 의미하거든. 빛이 양극(+) 쪽으로 휘는 걸 보면서 톰슨은 자신이 음전하(-)를 띤 입자를 발견했다는 걸 깨달았어. 음극선이 음전하를 띤 입자, 즉 전자의 흐름이었던 거야.

이를 토대로 톰슨은 새로운 원자 모형을 만들었어. 양전하(+)가 균일하게 퍼져 있는 푸딩 같은 덩어리에 음전하를 띤 전자가 건포도처럼 군데군데 박혀 있는 모형이었지. 원자는 더 이상 쪼갤 수 없다고 얘기했던 돌턴의 주장이 바뀌게 된 거야. 원자 안에 들어 있는 전자의 존재가 최초로 밝혀진 거지.

톰슨은 이 전자의 질량이 가장 가벼운 수소 원자 질량의 2,000분의 1 정도로 작다는 것도 밝혀냈어. 톰슨이 돌턴의 원자설 이후 100년 만에 놀라운 원자 모형을 제시하자 원자의 구조에 대해 놀라운 연구 결과가 잇달아 등장하기 시작했어.

원자 안에 든 무거운 원자핵

이제 톰슨이 전자를 발견한 지 7년쯤 지난 1911년이야. 톰슨의 제자인 어니스트 러더퍼드가 뭔가에 엄청난 충격을 받은 표정으로 중얼거리고 있어.

"어휴, 이건 마치 얇은 종이에 대포알을 쏘았는데 대포알이 튕겨져 나온 것 같네."

손으로도 쉽게 구멍을 낼 수 있는 종이를 대포알로도 못 뚫을 것 같다니 도대체 무슨 상황일까? 러더퍼드는 아주아주 얇은 금박 막에 금박 막의 전자보다 7,500배나 무거운 알파(α) 입자를 쏘는 실험을 하고 있었어.

톰슨의 모형에 의하면 금박 막에 양전하가 골고루 퍼져 있고 가벼운 전자가 군데군데 박혀 있으니, 무거운 알파 입자를 쏘면 당연히 뚫

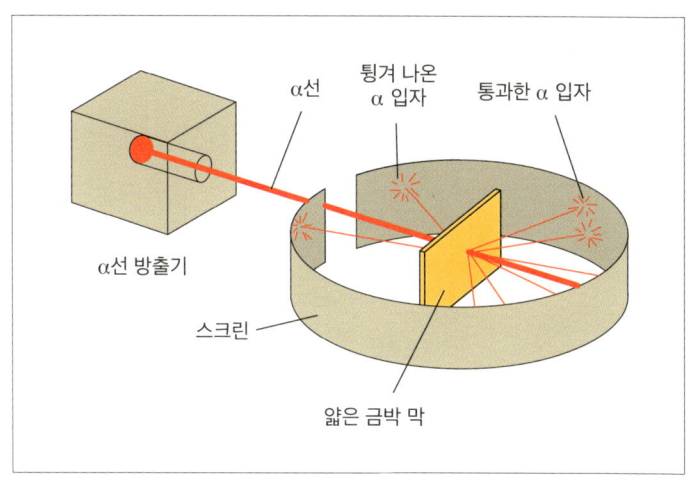

러더퍼드의 실험

고 지나가야 했지.

그런데 대부분 통과하기는 했지만 간혹 튕겨 나오는 입자가 있었어. 20,000개 중 1개일 정도로 매우 적었지만 무척 놀라운 일이었지. 이게 왜 중요하냐고? 러더퍼드가 원자 안에 있는 핵의 존재를 발견한 것이거든.

러더퍼드는 이 실험을 바탕으로 원자의 중심에 양전하가 톰슨의 생각처럼 골고루 퍼져 있지 않고 가운데 단단한 핵이 있을 거라고 생각하게 됐어. 이제 원자의 모습은 톰슨의 푸딩 모형에서 중간에 무거운 원자핵이 있고, 그 주위를 가벼운 전자가 도는 모형으로 다시 바뀌게 되었어. 태양 주위를 행성들이 도는 것처럼 말이야.

원자의 구조를 밝히는 연구는 여기서 끝난 게 아니야. 닐스 보어라

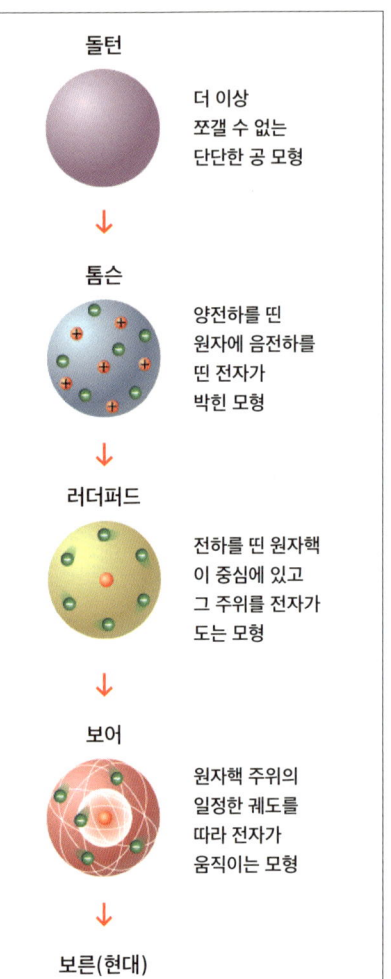

원자 모형의 변천 과정

는 덴마크의 과학자는 전자가 일정한 궤도를 따라 움직인다고 주장하면서 원자 모형을 발전시켰고, 현재의 과학자들은 원자핵이 다시 양성자와 중성자로 이루어져 있고, 주위로 전자들이 구름처럼 퍼져 있다고 생각하고 있어. 이를 '전자구름 모형'이라고 해.

원자가 둥근 공 모양이라고 했던 것도 획기적인 발견이었는데, 이제는 그 원자 안에 든 더 작은 입자들을 발견하고, 그 입자들이 어떻게 움직이는지도 알게 된 거야.

자, 이제 세상 만물을 이루는 기본 성분이 무엇인지를 밝힌 긴 여행을 마무리하려고 해. 원자라는 게 우리가 보기에는 너무 작은 존재이기 때문에 이해하기 어려웠을 수도 있어. 이해가 안 되는 부분은 그냥 넘어가도 괜찮아. 다만 오늘 우리가 함께 지켜본 장면들만 기억해도 충분해. 그러면 차차 원자에 대해 더 자세히 알게 되는 날이 올 테니까.

   그리고 우리가 원자의 존재를 발견한 덕분에 우주나 생명의 탄생 같은 자연 현상에 대해서도 알게 되었고, 인간의 손으로 갖가지 새로운 물질들을 만들어 내게 되었다는 걸 기억하는 것만으로도 충분히 의미가 있을 거야.

원자는 무엇이고 원소는 무엇일까?

원자를 알기 위해서는 우선 물질이 무엇인지부터 알아야 해. 물질은 우리가 사는 세상을 이루고 있는 기본 재료라고 할 수 있어. 예를 들어 볼게. 책은 종이로 이루어져 있고, 휴대전화에는 쇠, 플라스틱, 금, 유리 같은 물질이 들어 있지. 여기서 종이, 쇠, 플라스틱, 금, 유리가 바로 물질이야.

이렇게 세상에 존재하는 모든 물질을 쪼개고 또 쪼개면 원자로 이루어져 있어. 눈에 안 보이지만 공기도 원자로 이루어져 있고, 우리 몸을 흐르는 혈액을 포함해 여러분도 작은 원자들이 모여서 만들어진 거라고 보면 돼.

예를 들어 물은 산소와 수소라는 두 가지 종류의 원소가 모여서 만들어진 거야. 계속 원자 얘기하다가 갑자기 원소라는 단어가 나와서 헷갈리는 사람 있을 거야. 원자는 뭐고 원소는 뭐냐고?

원자: 물질을 구성하는 기본 입자
원소: 물질을 구성하는 기본 성분

맞아. 원자는 '입자'이고, 원소는 '성분'이야. '입자'는 아주 작고 눈에 안 보일 정도의 작은 물체를 말해. 다시 말해 우리 손으로 만질 수 있는 알갱이 같은 것을 생각하면 돼(물론 원자는 너무너무 작아서 우리 손으로 만질 수는 없지만 말이야.). 원소는 '성분'이라고 했지? '성분'은 사물이나 현상이 가지고 있는 고유의 특성을 말해. 특

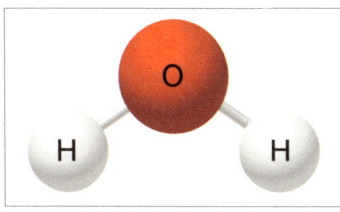

물(H_2O)

성은 손으로 만질 수 있는 건 아니야.

여전히 알쏭달쏭하지? 이 그림을 봐. 물은 이렇게 산소 알갱이 1개와 수소 알갱이 2개로 이루어져 있어. 이때 산소 원자 1개, 수소 원자 2개로 이루어져 있다고 하는 거야. 그러면 원소는 성분이라고 했잖아. 수소 원자는 2개이지만 당연히 성분은 같겠지? 그러니까 물은 산소 원소와 수소 원소, 이렇게 2가지 종류의 원소로 이루어져 있다고 말하는 거야. 그리고 그림에서 보는 것처럼 원자의 크기는 원소의 종류에 따라서 달라. 수소 원자가 산소 원자보다 작지.

잘 이해했는지 확인하기 위해 한 가지 예를 더 들어 볼게. 아래 그림은 오존이야. 공기 속 농도가 높으면 호흡기를 해친다고 악명이 높은 그 오존인데, 보는 것처럼 산소 3개가 이어져 있어. 원자와 원소를 구분해 볼래?

오존은 산소 원자 3개로 이루어져 있고, 산소 원소 1가지 종류로 이루어져 있다고 말하면 돼.

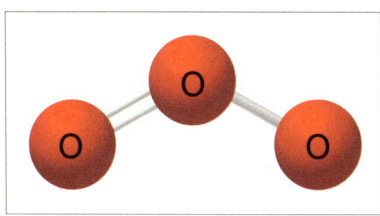

오존(O_3)

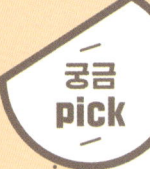

화학의 발전에 크게 기여한 연금술

옛날 옛날에 헤르메스 트리스메기스투스라는 신이 금을 만드는 비결을 적은 책 36,000권을 솔로몬 왕에게 주었어. 솔로몬 왕은 이 귀한 책을 어디에 숨길까 고민하다가 왕관 속에 숨겼지. 그런데 그걸 악마가 훔쳐가 버리고 말았지 뭐야. 그래서 사람들은 그 비결을 찾기 위해 금속으로 수많은 실험을 하며 금을 만들고자 했어.

물론 이건 전설에 나오는 이야기야. 그런데 금이 아닌 물질을 가지고 금을 만들려는 노력은 진짜로 있었어. 그것도 수천 년 동안 수많은 사람들이 시도했지. 이것을 '연금술'이라고 하고, 이 실험을 한 사람들을 '연금술사'라고 해. 그 유명한 뉴턴도 연금술에 관심이 매우 많았어.

연금술도 4원소설 때문에 시작된 거야. 물, 불, 공기, 흙, 이렇게 4가지 원소가 가장 완벽한 비율로 섞인 게 금이라고 생각했거든. 그러니까 4원소의 비율을 이리저리 바꿔 보면서 금을 만들려고 한 거지. 그때는 여러 복잡한 실험을 거쳐서 색깔이 비슷한 물질이 나오면 금을 만들었다고 착각하기도 했어. 금이 워낙 귀한 물질이어서 연금술은 오랫동안 중요한 학문으로 각광을 받았지.

연금술사들은 특히 납을 가지고 금을 만들겠다고 수없이 시도했지만 실패했지. 이렇게 연금술 자체는 허황됐지만 실험을 계속하면서 물질의 변화와 성질에 대해 알게 되었고, 그 과정에서 약, 비누, 잉크, 도자기 같은 유용한 물건이 만들어졌어. 뿐만 아니라 실험 도구들도 상당히 발전하게 되었지.

물론 현대의 기술로는 금을 만들 수 있어. 문제는 성공 확률도 낮고 비용이 금값보다 어마어마하게 더 들어가기 때문에 만들지 않는 것뿐이야.

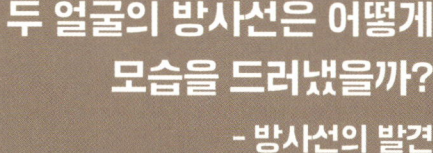

두 얼굴의 방사선은 어떻게
모습을 드러냈을까?
- 방사선의 발견

우리 몸을 통과하는
신기한 빛

'지난 100년간 세상을 가장 크게 바꾼 발명품'을 하나만 얘기하라면 어떤 답을 해야 할까? 런던 과학박물관에서 개관 100주년을 맞아 5만 명을 대상으로 이런 조사를 했는데, 1위로 꼽힌 것이 '엑스선'이었어. 그래서 엑스선이 발견된 해를 현대 과학의 시작으로 보기도 해.

 엑스선은 병원이나 공항 검색대에서 사용하는 걸 경험해 봤을 거야. 우리 몸은 물론 가방 같은 물체를 통과해서 내부를 보여 주지. 지금이야 당연하게 사용하지만, 이 빛을 처음으로 본 사람들은 어떤 반응을 보였을까?

 엑스선을 처음 발견한 사람을 만나려면 1895년 독일의 뷔르츠부르크라는 작은 마을을 찾아가야 해. 당시 많은 과학자들은 음극선관의 양쪽에 높은 전압을 걸었을 때 관 안에 나타나는 빛의 존재를 궁금해하면서 연구 중이었지. 뢴트겐도 음극선관 실험 중이었는데, 머리를 싸매고 고민에 빠져 있어.

뢴트겐을 고민에 빠트린 건 빛이야. 음극선관 안에 생긴 빛 말고 1미터쯤 떨어진 책상 위에 놓인 형광 스크린에도 빛이 환하게 비치고 있었어. 빛을 차단하기 위해서 검은 종이로 음극선관을 다 감쌌는데도 빛이 똑같이 나오고 있으니까 고민스러웠던 거지. 책으로 막아도 그냥 통과하고, 천도 통과하고, 고무도 통과했어.

뢴트겐은 연구 노트에 이렇게 적었어.

'도대체 내가 보고 있는 이 빛은 뭘까? 내가 실수를 했거나 정신이 이상해진 것은 아닐까?'

뢴트겐은 매우 꼼꼼하고 신중한 성격이었어. 그래서 이 현상을 아무에게도 알리지 않은 채 2주째 혼자서 실험을 거듭하면서 끙끙거리며 고민만 하고 있었지.

잠깐! 누군가 뢴트겐의 실험실로 들어오네. 아, 부인 베르타야. 자기가 미치지 않았는지 걱정하던 뢴트겐은 베르타의 손을 사진 건판에 놓고 빛을 쪼였어. 사진에서는 살은 희미하게 나타나고 뼈와 결혼반지만 선명하게 보였지. 미라의 손 같은 사진을 본 베르타의 얼굴에는 공포가 가득했어.

"아, 이건 나의 죽음을 나타내는 건가 봐요. 어쩌죠? 두려워요!"

베르타가 소리쳤어.

엑스선 사진을 전 세계, 아니 전 우주에서 처음 보는 건데 놀랍지 않겠어? 반면 뢴트겐은 안도하는 표정을 지었지.

엑스선 발견으로 하루아침에 스타가 된 뢴트겐

뢴트겐은 이 선에 '알 수 없는 광선'이라는 의미로 엑스 (X)선이라고 이름을 붙였어. 그리고 실험 결과를 〈새로운 종류의 광선에 관해서〉라는 논문으로 정리해 과학 학술지에 보냈지. 해골 같은 손가락 뼈 사진을 보고 깜짝 놀란 과학 학술지에서는 바로 이 논문을 실었고, 이 뉴스는 전 세계에 특종으로 알려졌어.

사람들은 '살을 통과하는 신비의 광선'에 푹 빠졌어. 곳곳에서 공개 시연회가 열렸지. 의학계에서도 엑스선에 큰 관심을 보였고 몇 달 만에 미국과 유럽의 병원에서는 엑스선을 활용해 환자를 진료하게 되었어. 엑스선으로 손가락에 박힌 유리 파편을 찾아내기도 했고, 소년의 머리에 박힌 탄환을 찾아내기도 했어.

작은 마을의 대학교수에 불과했던 뢴트겐은 하루아침에 대스타가 된 거야. 독일의 황제 빌헬름 2세가 축하를 해 올 정도로 말이야. 그래서 1901년 첫 번째 노벨 물리학상의 수상자가 되기도 했지.

많은 사람들이 엑스선으로 특허를 신청하라고 권유했지만 그는 거절했어. 원래 있던 것을 발견한 것에 불과하므로 온 인류가 공유해야

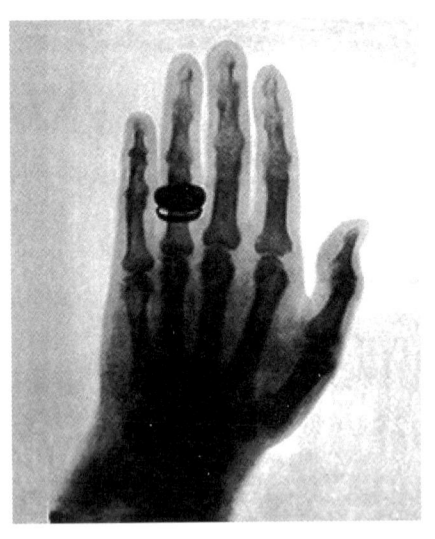

뢴트겐이 찍은 엑스선 사진

한다면서 말이야. 정말 멋있는 과학자지?

 덕분에 엑스선에 대한 연구는 더욱 빠르게 진행될 수 있었어. 뢴트겐이 엑스선을 발표한 지 1년 만에 엑스선에 관한 논문이 1,000편이나 발표됐고 관련된 책도 50권이나 출간될 정도였으니까. 이 정도면 그 당시 엑스선이 얼마나 사람들에게 열렬하게 환영을 받았는지 알 만할 거야.

 엑스선 발견은 마리 퀴리의 방사선을 내는 물질의 발견으로 이어지게 돼. 그런데 여기서 질문 하나! 엑스선과 방사선은 관계가 있을까, 없을까? 답은 '있다'야. 엑스선도 방사선의 한 종류거든.

퀴리 부부의
라듐 발견

뢴트겐이 엑스선을 발견한 지 7년이 지난 1902년이야.

 프랑스의 어느 연구실에서 마리 퀴리와 남편인 피에르 퀴리 두 사람은 뿌듯한 얼굴로 아주 적은 양의 물질을 살펴보고 있어. 이것은 라듐이라는 물질이었어.

 "여보! 우리가 드디어 성공했어요."

 "그러게 말이오. 이게 모두 마리, 당신 덕분이오."

 0.1그램밖에 안 되는 적은 양을 두고 뭘 이렇게 뿌듯해하냐고? 놀라지 마. 역청 우라늄석 8톤을 45개월 동안이나 밤낮으로 끓이고 분해해 얻어 낸 양이야. 8톤이면 몸무게가 80킬로그램인 사람 100명을 합한 엄청난 양이지. 퀴리 부부는 연구실 마당에 역청 우라늄석을 산처럼 쌓아 놓고 실험을 했어.

뢴트겐이 발견한 엑스선이 음극선관이라는 장치에 높은 전압을 걸었을 때 발생했다면, 라듐은 물질 자체에서 방사선을 내뿜었어. 퀴리 부부는 역청 우라늄석에서 새로운 방사성 물질 라듐을 발견한 공로로 1903년 노벨 물리학상을 받았어. 이때 앙투안 앙리 베크렐이라는 사람과 공동 수상을 하게 되었지.

베크렐이 누구냐고? 방사선을 내는 물질을 퀴리 부부보다 먼저 발견한 사람이야. 마리 퀴리의 지도 교수이기도 하지.

뢴트겐이 엑스선을 발견한 바로 다음 해인 1896년, 베크렐은 음극선관에 높은 전압을 걸지 않았는데도 엑스선처럼 빛을 내는 물질을 발견했어. 암실에 우라늄 광석을 종이로 싸 두었는데 여기서 광선이 나오는 걸 발견한 거야. 스스로 방사선을 내는 물질을 최초로 발견한 중대한 사건이었는데, 이 발견에 관심을 가진 사람은 거의 없었어. 이때 사용한 우라늄의 양이 적었기 때문에 여기서 나오는 광선이 엑스선보다 약했거든.

하지만 퀴리 부부는 이 발견을 주목했지. 그리고 우라늄을 계속 연구해 역청 우라늄석 안에 또 다른 방사성 물질이 있다는 걸 발견했어. 그래서 세 사람이 함께 노벨상을 받은 거지. 이 물질은 우라늄보다 방사능이 400배나 강했어. 마리 퀴리는 자신의 조국인 폴란드의 이름을 따서 '폴로늄'이라고 이름을 붙였어. 그리고 이때 방사능이라는 용어를 처음으로 사용하기도 했지.

그런데 우라늄석에서 폴로늄을 분리했는데도 여전히 강한 방사능을 띠고 있었어. 이렇게 해서 찾아낸 물질이 바로 지금 퀴리 부부가 보고 있는 라듐이야. 라듐의 방사능이 얼마나 강하냐면 우라늄의 300만 배나 될 정도야.

사람을 살리기도 하고 죽이기도 한 라듐

라듐이 발견되자 사람들은 엑스선이 발견됐을 때보다 더 열광했어. 기적의 물질이라며 암 치료제로 쓰이는 것은 물론 초콜릿, 빵, 물, 치약 등에 라듐을 섞어 만들 정도였지. 라듐을 만병통치약으로 믿으며 심지어 잃어버린 시력을 회복할 수 있다고까지 믿었대.

"이봐, 라듐 치약이 새로 나온 거 알아? 내가 사용해 보니 치아가 하얗게 바뀌더라고."

"정말? 몸에 좋다는 말은 들었는데 나도 써 봐야겠네."

그뿐 아니었지.

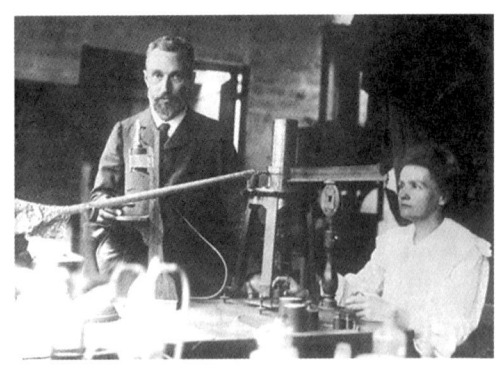

퀴리 부부

"라듐이 든 빵을 먹으면 조금 먹어도 아주 기운이 난다니까."

당시 사람들은 이렇게 말할 정도로 라듐을 즐겨 사용했어.

뿐만 아니라 야광 시계의 숫자판에도 라듐을 사용했어. 그런데 이 시계 공장에서 일하던 직원 수십 명이 목숨을 잃는 사고가 발생했지. 작은 숫자판에 붓으로 라듐을 칠하는 과정에서 붓끝을 뾰족하게 만들기 위해 붓을 입에 넣어 침을 묻혔고 이때 라듐이 사람들의 입으로 들어가게 되었거든.

그렇다면 퀴리 부부는 라듐이 인체에 어떤 영향을 미치는지 몰랐을까? 피에르 퀴리는 방사선이 인체에 영향을 끼친다는 어느 학자의 보고서를 본 후, 라듐 결정을 자기 팔에 묶고 관찰을 해보았어. 생체 실험을 한 셈이지. 몇

라듐 치약

시간이 지나자 상처가 생겼고, 며칠이 지나자 고름이 나왔어. 퀴리 부부는 이렇게 상처가 생기고 낫는 과정을 자세히 기록하면서 지켜봤어. 두 사람의 실험 정신이 정말 놀랍지? 자신의 목숨을 걸고 실험하다니 말이야. 다행히 52일이 지나자 흔적이 남긴 했지만 상처가 회복이 되었어.

두 사람은 이 실험을 통해 라듐이 사람의 피부에 화상을 입히지만 반대로 암세포 같은 조직을 태우는 데 사용할 수 있을 거라고 확신했지. 이렇게 해서 방사선이 암 치료에 사용되기 시작한 거야. 하지만 두 사

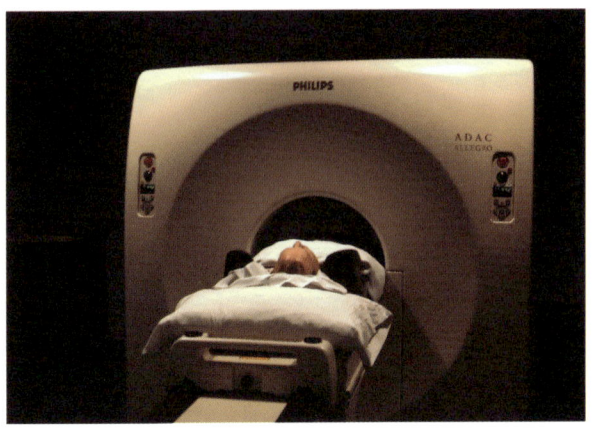

방사선 치료

람은 방사능이 갖는 위험성에 대해서도 경고했어.

순수한 금속 라듐을 분리하는 데 성공해 두 번째 노벨상을 받는 자리에서 마리 퀴리는 이렇게 말했지.

"라듐이 범죄자의 손에 들어가면 매우 위험할 수 있습니다. (중략) 자연의 비밀을 캐는 것이 인류에게 얼마나 도움이 될까요? (중략) 오히려 해로운 지식을 갖게 되는 것은 아닐까요?"

퀴리 부부의 염려처럼 방사선은 지금 매우 극단적인 평가를 받고 있어. 원자폭탄에서 나온 방사선은 수십만 명을 죽게 만들었어. 하지만 한편으로는 암세포를 제거하고 인체의 내부를 진단할 수 있게 해 주지. 뿐만 아니라, 다리나 건축물을 분해하지 않고 내부를 들여다보는 비파괴 검사에서 사용되는 등 매우 다양한 분야에서 우리 생활에 편리함을 주고 있어.

방사선, 방사능, 방사성 물질

원자는 불안정한 상태일 때 안정해지기 위해 빛이나 입자를 내보내는데 이것이 '방사선'이다. '방사능'은 이러한 방사선을 내놓는 성질이나 능력을 말하며, '방사성 물질'이란 방사능을 가진 물질이다.

방사선은 크게 자연에 존재하는 '자연 방사선'과 사람이 만든 '인공 방사선'으로 나뉜다. 방사성 물질은 우주 공간은 물론 우리가 사는 땅 등에도 존재하기 때문에 우리는 늘 방사선에 노출되어 있다. 하지만 자연 방사선은 현재 우리가 받는 양의 30배를 받아도 피해가 없을 정도로 적은 양이다.

인공 방사선은 원자력 발전이나 암 치료, 엑스선 촬영 등을 위해 만들어 낸 방사선을 말한다. 이 방사선은 강도에 따라 인체에 매우 큰 영향을 미치기 때문에 엄격한 기준에 의해 관리되고 있다.

방사능을 연구한 과학자들의 죽음

안타깝게도 방사능을 연구한 과학자들의 죽음은 방사능과 관련이 매우 크다고 알려져 있어.

피에르 퀴리는 마리 퀴리와 라듐을 발견한 지 4년이 지난 1906년, 달려오는 마차에 치여 세상을 떠났지. 비가 와서 앞이 잘 안 보였고 심지어 마부는 술에 취한 상태였어. 그런데 피에르 퀴리가 마차에 치여 목숨을 잃었다는 것보다 더 중요한 사실이 있어. 피에르 퀴리가 방사능에 오랫동안 노출된 탓에 다리의 뼈가 손상되어 잘 걷지 못했다는 거야.

마리 퀴리도 마찬가지야. 1934년에 몸이 많이 쇠약해져서 세상을 떠났는데, 눈은 백내장을 앓아 거의 실명 상태였고, 악성 빈혈, 백혈병 등으로 기진맥진한 상태로 말년을 보냈지.

파리 국립박물관에는 마리 퀴리의 연구 기록이 보관되어 있는데, 이 기록을 보려면 기록물에 묻어 있는 방사능으로 인해 어떤 피해를 입어도 박물관을 고소하지 않겠다는 확인서에 서명을 해야 할 정도야. 퀴리의 연구 기록에서 지금도 방사능이 검출되고 있거든.

앙투안 앙리 베크렐은 마리 퀴리가 분리해 낸 라듐을 기념으로 주머니에 넣고 다녔는데, 이 때문에 가슴에 염증이 생겼고, 여러 달이 지나도 회복되지 않았어. 베크렐은 1908년 사망했는데 그 이유가 방사선 때문이라고 추정하고 있어.

퀴리 부부의 딸인 이렌 졸리오퀴리는 제1차 세계대전 때 어머

니인 마리 퀴리와 함께 엑스선 장비를 싣고 다니면서 부상병들을 진료했어. 이들은 엑스선 장비를 실은 자동차 20대를 운영했는데 이 덕분에 부상당한 군인 100만 명이 엑스선 촬영의 도움을 받을 수 있었지. 하지만 이때 모녀 모두 방사능에 많이 노출될 수밖에 없었어.

이렌은 남편인 프레데리크 졸리오퀴리와 인공 방사선을 발견해 함께 노벨상을 받기도 했지만, 결국 백혈병에 걸려 59세에 세상을 떠나고 말았지.

6장

우리는 생명의 비밀을
어떻게 알게 되었을까?
- 진화와 유전의 발견

생명체 진화의
비밀을 밝힌 다윈

지구에 존재하는 생물의 종류는 얼마나 될까? 자료에 따르면 자그마치 1,300만~1,400만 종이 지구에 살고 있어. 우리 인간도 수많은 종 가운데 하나인 거지.

이번에는 어떻게 해서 이렇게 다양한 생명체들이 지구에서 함께 살게 되었는지에 대한 비밀을 찾아낸 과학자를 만나러 갈 거야. 이 사람은 우리가 이제까지 만난 어떤 과학자보다 많은 시간을 자연 속에서 보냈고, 가장 먼 거리를 여행한 사람이기도 해.

바로 찰스 다윈이야. 그는 비글호라는 배를 타고 4년 10개월 동안 전 세계를 탐사하며 동식물을 조사했어. 지구에 존재하는 거대한 바다인 대서양, 태평양, 인도양을 모두 돌아다녔는데, 배로 항해한 거리가 6,400킬로미터나 되고, 걸어서 다닌 거리만 해도 3,200킬로미터야. 거

비글호의 경로

의 1만 킬로미터를 다닌 셈이지. 우리나라에서 미국까지의 거리를 비행기도 아닌 배와 두 발로 다녔던 거야. 자, 주인공을 만나러 1837년 영국으로 가 보자고.

이곳은 다윈의 서재야. 다윈이 비글호 항해를 마치고 돌아온 지 1년쯤 됐어. 그는 자신이 탐험하면서 가져온 엄청난 자료를 바탕으로 연구를 하는 중이지. 항해 중에 갈라파고스 섬에서 모양이 서로 다른 새의 표본을 채집해 왔거든. 그것을 존 굴드라는 유명한 조류학자에게 보내 의견을 물었는데, 마침 답장이 도착한 모양이야.

다윈이 편지를 읽으며 화들짝 놀랐어.

부리 모양이 다 달라서 당연히 다른 종류의 새라고 생각했던 13가지의 새들이 모두 같은 종류라고 쓰여 있었거든.

섬의 환경에 따라 모양도 다른 핀치의 부리

이 새의 이름은 핀치야. 핀치의 부리가 다윈이 세상을 시끌벅적하게 만들 새로운 이론이 탄생하는 데 결정적인 역할을 했지. 갈라파고스는 여러 개의 작은 섬으로 이루어져 있는데 섬의 환경에 따라 부리 모양이 달랐던 거야. 큰 씨앗이 많은 섬에서 발견된 핀치는 씨앗을 부술 수 있게 부리가 크고 튼튼했고, 나무 구멍 속에 있는 벌레를 잡아먹고 살았던 핀치는 부리가 뾰족했어.

다윈은 이 핀치들을 연구한 결과 처음에는 다양한 종류의 핀치가 있었지만, 그 환경에서 더 유리한 모양을 가진 핀치가 살아남은 거라고 설명했어. 예를 들어 씨가 많은 환경에서는 딱딱한 씨앗을 먹을 수 있게 부리가 튼튼하고 뭉툭한 새들이 부리가 뾰족한 새들보다 많이 살아남았고, 자손도 더 많이 퍼트렸다는 거지. 이것이 다윈의 '자연 선택설'이야. 다시 말하면 환경에 잘 적응하는 형질을 지닌 개체가 더 많이 살아남아서 후손을 남긴다는 거야.

다윈의 자연 선택설은 몇백 년의 시간이 흐른 뒤 후대 과학자들에 의해 검증되기도 했어. 2015년 미국과 스웨덴의 연구팀이 연구를 진행한 결과 한 종류의 핀치가 다른 종류로 변화하기까지 100만 년 정도가 걸렸을 거라고 추정했어. 결코 짧은 시간은 아니지만 46억 년의 지구 역사를 생각해 보면 그동안 수많은 종들이 수없이 많은 변화를 거듭하며 오늘의 모습을 가지게 됐다는 말이지.

《종의 기원》 출간

어느덧 1844년이 되었어. 다윈이 서재에서 누군가에게 편지를 쓰고 있어. 후커라는 식물학자에게 보내는 편지야.

나는 종이 변한다는 것에 거의 확신을 갖게 됐습니다. 이 얘기를 하는 게 마치 살인을 했다고 고백하는 심정입니다. 나는 종들이 절묘하게 자신을 적응시키며 다양한 모습을 띠게 되는 간단한 방법을 찾은 것 같습니다.

다윈은 핀치를 비롯해 자신이 탐사를 통해 얻은 자료를 연구한 결과 종이 고정불변이 아니라 변화한다는 생각을 갖게 되었어. 그런데 이것이 왜 살인을 고백하는 심정이 되는 걸까?

다윈은 비글호 항해 후 1838년쯤 진화론에 대한 생각을 정리했다고 알려져 있어. 부리가 다른 핀치가 같은 새라는 걸 알게 된 바로 다음 해지. 그런데 진화론이 책으로 나온 건 항해에서 돌아온 지 23년이 지난 1859년이야. 다윈의 나이가 50세가 되어서야 출간된 거지.

다윈이 자신의 생각을 세상에 내놓는 일에 얼마나 신중했는지를 말해 주는 대목이야. 다윈이 후커에게 이렇게 편지를 쓰고 나서도 14년이 더 지나서야 책이 나온 거니까.

그 당시 사람들은 모든 생명체가 신의 뜻에 의해 모양과 지위를 부여받았다고 생각했거든. 그러니까 핀치의 부리가 오랜 시간을 거쳐 모양이 바뀌는 일처럼 종이 변화한다는 건 있을 수 없는 일이었어. 환

다윈을 비웃은 풍자화

경에 잘 적응한 개체가 살아남아서 후손을 남기고 그 과정에서 종이 변이를 일으킨다는 다윈의 생각은 사람들에게 충격적인 얘기가 될 수밖에 없었던 거지.

그렇게 망설이던 다윈이 갑자기 자기 생각을 세상에 발표하게 된 까닭은 무엇일까? 1858년에 월리스라는 청년이 다윈에게 논문을 보내왔어. 다윈이 살펴보니 자신의 생각과 매우 비슷한 거야. 오랜 시간 해 온 자신의 연구가 묻혀 버릴 위기에 처한 거지.

다윈은 그동안 자신이 진화에 대해 연구한 것을 알고 있던 후커와 라이엘에게 고민을 털어놓았어. 다행히 두 사람이 중재를 해서 월리스와 다윈의 논문이 같이 발표되었지. 그리고 다음 해에 다윈은 진화의 진행 원리를 담은 책《종의 기원》을 출간했어.

《종의 기원》은 나오자마자 베스트셀러가 되었지만 동시에 많은 논쟁을 일으켰어. 생명체가 어떤 법칙에 따라 만들어졌다는 이론은 당시로서는 신을 모독했다는 비판을 받을 수밖에 없었거든. 반대하는 사람들은 다윈의 얼굴을 유인원 몸에 합성한 그림을 그려 비웃기도 했어.

　하지만 시간이 지나면서 다윈의 이론을 뒷받침하는 화석이 발견되고 유전자와 DNA의 비밀이 밝혀지면서 다윈의 자연 선택설은 과학계는 물론 의학, 경제학, 철학 등 사회 전반으로 퍼져 나갔고 가설이 아니라 이론으로 자리 잡았지. 물론 여전히 창조론을 믿는 기독교인들 사이에서는 논란이 되고 있기도 해.

유전 법칙을 발견한 멘델

나는 엄마, 아빠와 어디가 닮았을까? 한번 생각해 봐. 눈, 코, 입은 물론 귓볼, 콧대 같은 얼굴 생김새가 닮은 사람도 있을 거고 혀 말기 같은 행동이 닮은 경우도 있을 거야. 다윈은 생명체가 세대를 거듭하면서 어떻게 변하는가에 대해서는 설명했지만, 이렇게 변한 형질이 어떻게 다음 세대로 전달되는지에 대해서는 밝혀내지 못했어.

이번에는 이런 유전 법칙을 발견한 과학자를 만나러 갈 거야. 눈치 빠른 친구들은 오스트리아의 수도사인 그레고어 멘델을 만나러 간다는 걸 알고 있었지? 맞아. 수도원 뒤뜰에서 자신이 키운 완두를 보고 또 보며 신기해하는 멘델을 만나러 가 보자고.

멘델을 만나기 전에 문제 하나 낼게. 키가 큰 완두와 키가 작은 완두를 교배하면 다음 세대 완두의 키는 어떻게 될까? 멘델이 바로 지

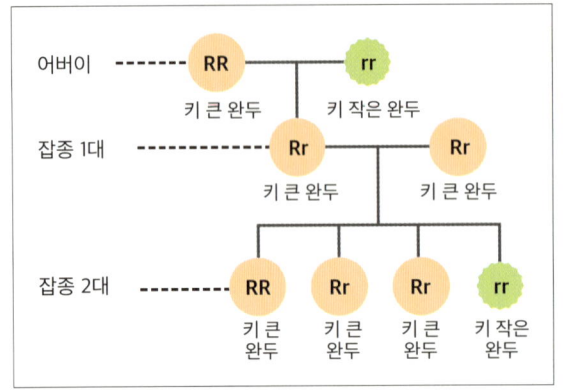

멘델의 완두 실험

금 그 실험 결과를 살펴보고 있거든. 혹시 중간 크기가 나올 거라고 답한 사람이 있을까?

7년간 계속된 완두 실험

정답은 '모두 키 큰 완두만 나온다'야. 그런데 당시 사람들은 유전이 어떻게 되는지 몰랐기 때문에 부모 세대의 형질이 물감처럼 섞여서 자손에게 전달된다고 여겼어. 다윈도 마찬가지로 생각했지. 이 생각대로라면 붉은색 곰과 흰색 곰이 자식을 낳으면 분홍색 곰이 나와야 돼. 그러니까 완두도 중간 크기가 나올 거라고 생각할 수 있지.

멘델은 자신이 실험한 결과 모두 키가 큰 완두가 나오자, 이번에는 이 키 큰 완두끼리 다시 교배를 시켰어. 이번에는 어떤 결과가 나왔을까?

키가 큰 완두끼리 만났으니까 모두 키가 클 거라고? 키가 큰 완두와 작은 완두의 비율이 3 대 1이었어. 멘델이 유전 법칙을 발견하게 된 매우 중요한 비결 중 하나가 일일이 개체 수를 세어서 기록한 거야. 다른 사람 같았으면 키가 큰 것과 작은 것이 함께 나왔다 정도로만 기록했을 테지만 멘델은 모두 숫자를 세어서 기록했어.

멘델은 이 완두 실험을 7년 동안이나 계속했지. 그리고 이를 통해서 매우 중요한 발견을 하게 되었어. 키가 작은 완두와 키가 큰 완두 사이에서 키가 큰 완두만 나온 이유는 키가 작은 완두의 유전자가 발현되지 않았기 때문이라는 거야. 그렇게 숨어 있던 유전자가 그다음 대에서는 나오게 된

멘델

거지. 멘델은 이후 둥근 완두와 주름진 완두, 노란색 완두와 초록색 완두, 붉은 꽃이 피는 완두와 흰 꽃이 피는 완두 등으로 다양한 완두 실험을 진행했어.

멘델은 이렇게 완두 실험을 통해 부모 세대의 유전자가 어떻게 후손에게 전해지는지를 밝혀내는 엄청난 일을 해냈어. 사람들이 그동안 믿어 왔던 부모의 유전자가 체액처럼 섞여서 전달되는 게 아니라 분리된 입자 형태로 전달된다는 사실을 밝힌 거지. 다윈도 몰랐던 유전에 대한 중대한 발견이었어.

죽은 뒤 가치를 인정받은 멘델의 법칙

멘델은 1865년에 자신의 연구 결과를 발표했어. 논문의

제목은 〈식물의 잡종에 관한 실험〉이었지. 멘델은 자신의 연구가 생물 진화의 수수께끼를 푸는 중요한 열쇠가 될 거라고 확신했어. 그런데 논문 발표장에 앉아 있는 사람들은 시큰둥했어. 심지어 조는 사람도 있었지. 멘델은 실망스러웠어.

사실 멘델의 논문은 다윈의 서재에도 꽂혀 있었어. 그런데 다윈은 논문을 읽지 않은 것 같아. 다윈은 책을 읽을 때 줄을 긋고 메모도 하면서 읽었는데, 그 논문에는 아무런 흔적이 없었거든. 멘델은 자기 연구에 세상이 관심을 보이지 않자 더 이상 실험을 진행하지 않고, 수도원장으로 살다가 조용히 세상을 떠났어. 안타깝지? 그런데 이렇게 잊힐 뻔한 멘델의 논문은 그가 죽은 지 16년이 지난 1900년에 드디어 빛을 보게 되었어.

독일의 코렌스, 네덜란드의 더프리스, 오스트리아의 체르마크가 비슷한 연구를 하다가 멘델의 논문을 발견한 거야. 그들은 자신들보다 멘델이 앞서서 연구했다는 걸 알았지. 그래서 과학계에서는 1900년을 '멘델 법칙 재발견의 해'로 지정하기도 했어. 멘델의 동상도 세워지고, 멘델 광장도 생겨났으며, 멘델은 이제 '유전학의 아버지', '유전학의 창시자'로 불리게 되었지.

다윈이 생명의 역사에 대해 밝힌 진화론과 멘델이 생명의 유전 원리를 밝힌 유전학이 결합하면서 생명 현상의 신비를 캐는 생물학 연구는 더 활발하게 진행되었어.

멘델의 3가지 유전 법칙

멘델의 유전 법칙은 멘델이 만든 게 아니라, 멘델의 연구를 후대 과학자들이 3가지 법칙으로 정리한 거야.

우열의 법칙

순종의 둥근 완두와 순종의 주름진 완두를 교배하면 잡종 1대에는 모두 둥근 완두가 나와. 자손 1대에서 나타나는 형질을 '우성', 나타나지 않는 형질을 '열성'이라고 하는데, 잡종 1대에서는 우성만 나오기 때문이지. 이것을 우열의 법칙이라고 해.

단, 이때 우성은 뛰어나다는 의미가 아니라 겉으로 드러나는 성질이 더 강한 형질을 말하는 거야. 예를 들어 검은 머리카락이 우성이지만 더 우수하다고 말하지는 않는 것과 같지.

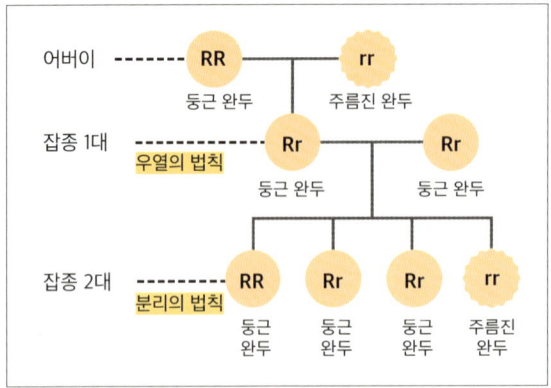

분리의 법칙

자손 1대의 둥근 완두끼리 교배하면 자손 2대에서는 둥근 완두와 주름진 완두가 3 대 1의 비율로 나타나게 돼. 이렇게 자손 1대를 교배했을 때 자손 1대에서는 나타나지 않던 형질이 자손 2대에서 일정한 비율로 나타나는 현상을 분리의 법칙이라고 해.

독립의 법칙

두 가지 이상 대립되는 형질이 동시에 유전될 때 서로 간섭하지 않고 독립적으로 유전되는 현상을 독립의 법칙이라고 해.

예를 들어 순종의 둥글고 노란색인 완두(우성 형질만 가짐)와 주름지고 초록색인 완두(열성 형질만 가짐)를 교배하면 자손 2대에서 둥근 완두와 주름진 완두의 비율이 3 대 1, 노란색 완두와 초록색 완두의 비율도 3 대 1로 나타나지. 즉, 완두의 색깔을 결정하는 유전자와 주름을 결정하는 유전자와 서로 영향을 주고받지 않고 독립적으로 유전된다는 거야.

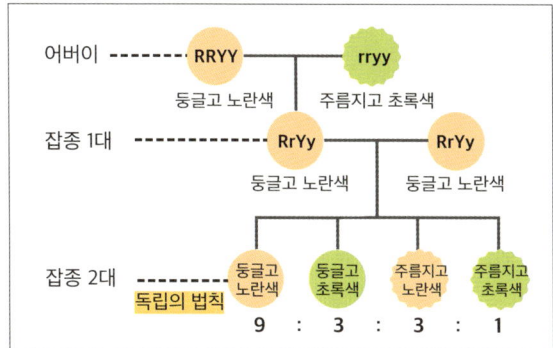

DNA 구조를 밝힌 왓슨과 크릭

이번 여행은 많이 들어 봤을 DNA 발견의 역사야. 정확히 말하면 DNA 구조를 발견한 역사의 순간이지. 그게 왜 중요한지는 일단 현장으로 가서 얘기 나누자고.

수도사 멘델이 논문을 발표하던 때로부터 88년이 지난 1953년이야. 여기서 만나 볼 과학자 중에는 아직까지 살아 있는 사람도 있어.

이곳은 영국 케임브리지 대학에 있는 캐번디시 연구소야. 두 사람의 유쾌한 웃음소리 뒤로 180센티미터 높이의 커다란 모형 보이지? 과학에 흥미가 없어도 어디선가 사진으로라도 본 적이 있을 거야. 그래, 바로 DNA 구조 모형이지. 모형을 보며 뿌듯해하는 두 사람은 제임스 왓슨과 프랜시스 크릭인데, 자신들이 밝혀낸 DNA 구조를 모형으로 만들어 본 거야.

 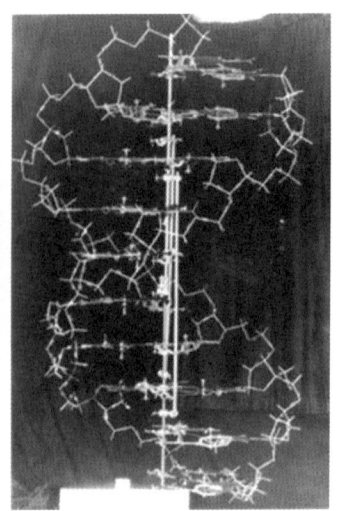

왓슨(왼쪽)과 크릭, 그리고 DNA 모형

"크릭! 드디어 우리가 해냈어! 노벨상은 이제 우리 것이라고!"
"하하. 정말 기분 좋은데? DNA가 이런 모습일 줄이야!"

유전 정보를 담은 DNA의 이중 나선 구조

잠시 모형을 살펴봐. 예술 작품 감상하듯이 말이야. 저기서 두 가닥이 나선 모양으로 서로 빙글빙글 꼬여 있는 거 보이지? 이것을 '이중 나선 구조'라고 해. 그리고 양쪽 나선의 중앙에 가로로 결합된 것들이 염기인데 4가지 종류(아데닌, 티민, 시토신, 구아닌)가 둘씩 쌍을 이루며 결합하고 있어. 이 염기들의 배열에 우리의 유전 정보가 담겨 있는 거야. 키, 얼굴 모양, 혈액형, 유전병까지 저 안에 다 담긴 거지.

그런데 저게 우리 몸 어디에 들어 있냐고? 우리 몸을 이루고 있는 세포, 그 세포 안에 들어 있는 세포핵, 세포핵 안에 1미터나 되는 DNA 가닥이 꼬불꼬불 들어 있어. 세포핵의 크기가 0.000005밀리미터인데 그 안에 1미터나 되는 DNA가 들어가 있다는 게 상상이 가니?

우리 몸에 세포가 100조 개가 있으니, 이걸 다 이어서 붙이면 1,000억 킬로미터가 되는 거야. 이렇게 어마어마하게 긴 DNA 가닥이 우리 몸에서 수많은 유전 정보를 담고 있어. 아주 정교하게 꼬여서 말이야. 이렇게 긴 DNA를 다 합쳐도 무게가 1그램밖에 안 돼. 그런데 이 안에 들어 있는 정보량은 10억 테라바이트야. 우리가 집에서 쓰는 컴퓨터 저장 용량이 1테라바이트가 안 된다는 것과 비교해 봐. 어마어마하지?

DNA 모형을 감상한 소감이 어때? 우리 몸에서 엄청난 정보를 담은 DNA가 꿈틀거리는 게 느껴져?

왓슨과 크릭은 1953년 4월 25일에 본문이 1쪽밖에 안 되는 논문 〈DNA의 이중 나선 구조 발견〉을 과학 학술잡지 《네이처》에 발표했어. 이 짧은 논문으로 두 사람은 세계 최고의 과학자로 주목받게 되었지.

멘델의 유전 법칙이 알려진 후 유전자에 대한 연구가 활발하게 진행되어서 DNA가 유전 정보를 담고 있다는 건 알고 있었어. 과학자들에게 그다음으로 주어진 과제는 DNA 구조를 알아내는 것이었지.

누가 먼저 DNA의 구조를 알아낼 것인가를 두고 여러 과학자들이 팀을 이루어 치열하게 경쟁하고 있었지.

DNA 연구를 진행하는 여러 팀들 중에서 왓슨과 크릭은 가장 초보 수준이었어. 왓슨은 미국에서 생물학으로 박사 학위를 받은 지 이제 1년 된 청년이고, 크릭은 왓슨보다 열두 살이 많았지만 학위도 없고, 변변한 연구 경력도 없었거든. 이들이 속한 캐번디시 연구소도 DNA 구조 연구에 있어서 후발 주자였지.

그런데 이들은 어느 날 런던 킹스칼리지에서 연구 중인 과학자 로절린드 프랭클린이 찍은 DNA의 엑스선 사진을 보게 되었어. 프랭클린과 같이 연구하던 윌킨스라는 학자가 이 사진을 왓슨과 크릭에게 보여 준 거야. 두 사람은 이 사진을 보자마자 DNA가 이중 나선 구조를 가지고 있다는 걸 직감하게 되었지.

왓슨은 훗날 "사진을 보는 순간 입이 벌어지고 심장이 마구 뛰기 시작했다."라고 밝히기도 했어. 그만큼 그 사진으로 자신의 고민을 한 방에 해결한 거야. 결국 이 연구를 토대로 왓슨과 크릭은 윌킨스와 함께 1962년 공동으로 노벨 생리의학상을 받게 되었지.

이후 DNA는 유전과 관련된 질병을 알아내는 것뿐만 아니라 범죄자를 찾거나 화석을 분석하는 데도 사용되고 있어.

왓슨은 DNA 연구 과정을 담아 《이중 나선》이라는 책도 발표했어. DNA의 구조를 찾아가는 과정이 마치 영화처럼 흥미로워 큰 인기를 끌었지. 그리고 하버드 대학 생물학과 교수로 부임했고 인간 게놈 프로젝트의 첫 책임자로 임명되는 등 오랫동안 승승장구했지.

DNA가 이중 나선 구조인 이유

- 두 가닥이기 때문에 한 가닥의 염기에 문제가 생겨도 다른 가닥의 염기로부터 정보를 알 수 있다(염기는 언제나 아데닌-티민, 시토신-구아닌의 구성으로만 짝을 짓는다.).
- 나선이 양옆에서 염기를 보호하는 역할을 한다.
- 나선이 꼬여 있으면 잘 끊어지지 않아서 유전 정보를 더 잘 보호할 수 있다.

가상 인터뷰

DNA 구조 발견의 결정적 공로자, 로절린드 프랭클린

- **왓슨과 크릭의 DNA 구조 발견을 얘기할 때 프랭클린 박사님이 늘 함께 등장하던데요, 박사님은 어떤 연구를 하신 건가요?**
  아직도 나를 기억해 준다니 고마워. 나도 왓슨과 크릭처럼 DNA의 구조에 대한 연구를 하고 있었어. 나는 킹스칼리지에서 연구하고 있었는데, 그 당시에는 왓슨과 크릭이나 나 말고도 이 연구를 하는 팀이 더 있었어. 이걸 밝히면 노벨상을 받으리라는 걸 다 알고 있었거든.

- **같은 연구를 하셨군요. 그런데 왓슨과 크릭, 두 분과는 어떤 관계가 있으신 건가요?**
  그들이 노벨상을 받은 건 내 연구 결과 덕분이었어. DNA의 구조를 밝혀내기 위해서는 실제로 세포의 핵 속에 있는 DNA가 어떤 모양을 하고 있는지를 알아야 할 거잖아. 그러기 위해서는 엑스선 회절 기술이라는 걸 이용해 사진을 찍어야 해. 나는 장장 100시간이나 걸려 엑스선 사진을 찍어 DNA 모양을 얻는 데 성공했지. 그게 '사진 51번'이야. 그런데 말이야, 흑……

- **어렵게 DNA 사진을 얻었는데 무슨 안 좋은 일이 생긴 건가요?**
  내가 얻은 엑스선 사진을 나와 같은 연구실에 있던 윌킨스가 왓슨한테 보여 준 거야. 내 허락도 받지 않고 말이지. 나는 좀 더 정교하고 완벽한 사진을 얻고 싶어서 미루고 있었거든. 다른 논문 작업으

로절린드 프랭클린

로 바쁘기도 했고. 그런데 내가 찍은 엑스선 사진이 왓슨과 크릭이 DNA 구조를 밝히는 데 결정적인 역할을 한 거야.

● **그러면 왓슨과 크릭이 노벨상을 받을 때 박사님도 같이 받았어야 하는 거 아닌가요?**
슬프게도 그들이 노벨상을 받을 때 난 이미 이 세상 사람이 아니었어. 난소암에 걸려 서른일곱 살에 세상을 떠났거든. 노벨상은 살아 있는 사람만 받을 수 있잖아. 하지만 내가 살아 있었어도 내가 받았을지는 의문이야. 그때는 여성 과학자들을 차별하는 일이 많았거든.

● **그래도 지금은 박사님을 기리는 행사가 많이 생겼다고 들었어요.**
응, 맞아. 2016년에는 '세계 여성의 날'을 맞아 CNN에서 나를 세계 과학사에 중요한 업적을 남긴 여성 과학자로 선정하기도 했고,

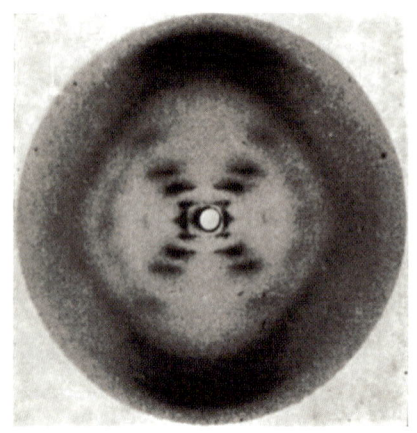

사진 51번

영국에서는 여성 과학자들에게 내 이름으로 된 상을 주기도 한다더군. 나를 다룬 연극이 미국에서 〈사진 51〉이라는 이름으로 상연되기도 하고.

● 왓슨과 크릭에게 마지막으로 하고 싶은 말이 있으신가요?

왓슨과 크릭이 자신들의 논문에 내가 한 연구가 결정적 단서가 되었다는 것을 밝히지 않은 건 많이 속상해. 화도 나고. 그런데 그 일로 두 사람도 사람들로부터 비난을 받았다고 들었어. 그리고 왓슨은 노년에 힘든 일이 많이 생겼더라고. 인종 차별을 옹호하는 발언을 해서 40년 동안 일하던 미국 콜드스프링하버 연구소에서도 쫓겨났고 강연도 끊겼다고. 아, 노벨상 메달을 경매로 팔았다는 얘기도 들었어. 다행히 러시아의 재벌이 53억 원에 사서 다시 왓슨에게 돌려줬지만 말이야.

내 연구를 도둑맞았던 때를 생각하면 화나고 열 받긴 하지만 일찍 세상을 떠난 나로서는, 젊은 시절 인류 역사에 남을 연구를 함께했던 한 사람으로서, 왓슨이 평안히 생을 마치게 되길 진심으로 바라고 있어.

7장

만물은 어떤 원리로
움직이는 걸까?
- 운동의 발견

물체의 운동 법칙을 밝힌 뉴턴

과학자라고 하면 가장 먼저 생각나는 사람이 누구일까? 지금부터는 세상 사람들이 가장 잘 알고 있는 유명한 과학자 두 사람을 만나러 갈 거야. 먼저 지동설을 수학적으로 증명함으로써 논란을 끝낸 인물부터 만나 보자고.

처음으로 만날 사람은 아이작 뉴턴이야. 뉴턴은 갈릴레오가 세상을 떠난 이듬해에 태어났어. 어린 시절 뉴턴은 조용하고 자연 관찰을 좋아하는 아이였지. 온종일 하늘의 구름을 관찰하거나 몇 시간이나 꼼짝 않고 길가의 풀들을 바라보기도 했어. 물론 책 읽는 것도 아주 좋아했지. 양 떼를 잘 돌보라는 어머니의 당부도 금방 잊은 채 책에 몰두한 적이 한두 번이 아니었으니까.

그래서 뉴턴의 어머니는 뉴턴이 공부와는 거리가 멀다고 생각하고

학교도 그만두게 할 정도였어. 하지만 그의 영특함을 알아본 선생님들의 설득으로 간신히 공부를 계속할 수 있었지. 뉴턴은 우수한 성적으로 케임브리지 대학에 입학한 것은 물론이고, 졸업 후에는 스물여섯 살이라는 젊은 나이에 케임브리지 대학의 교수가 될 정도로 남다른 실력을 갖춘 인물이었어.

자, 이곳은 1666년 영국의 올즈소프라는 작은 마을이야.

저기 사과가 주렁주렁 열린 나무 보여? 그 아래에 앉아 있는 꼬불꼬불 긴 머리를 한 청년도 보이지? 그래, 맞아. 아이작 뉴턴이야. 지금 역사에 길이 남을 사과가 떨어질 거니까 한눈팔지 말고 잘 봐.

드디어 역사를 바꿀 사과 하나가 나무에서 툭 떨어졌어. 뉴턴의 머릿속에 무엇인가 번뜩 떠올랐지. 뉴턴은 그 생각을 빠르게 정리하는 중이야.

'사과는 땅으로 떨어지는데 왜 지구 주위를 회전하는 달은 지구로 떨어지지 않을까?'

돌맹이를 끈으로 매달아 돌리다가 손을 놓으면 돌맹이가 어느 한 방향으로 휙 날아가 버리잖아. 뉴턴은 달과 지구가 끈으로 연결되어 있는 것도 아닌데 왜 달이 다른 곳으로 달아나지 않고 계속 지구 주위를 도는지 궁금했어.

그런데 사과가 나무에서 떨어지는 걸 보면서 사과를 떨어뜨리는 힘인 중력이 달에도 작용하지 않을까 하는 생각이 번쩍 떠오른 거야. 뉴턴의 이 생각은 과학사를 뒤흔들 만한 굉장한 사건이었어. 뉴턴은 그동안 사람들이 전혀 다른 원리로 움직이고 있다고 믿어 온 지구와 우

뉴턴

주의 원리를 하나로 묶어 버렸어. 다시 말해 이 세상이 움직이는 원리를 단 하나로 설명하게 된 거야.

뉴턴은 지구와 달 사이뿐만 아니라 지구가 태양 둘레를 도는 것은 물론 이 세상에 존재하는 모든 물체 사이에 서로 끌어당기는 힘이 작용하고 있다고 생각했어. 이것이 바로 그 유명한 뉴턴의 '만유인력 법칙'이야. 그러면 지금 여러분 앞에 놓여 있는 연필과 지우개는 왜 서로 끌어당기지 않느냐고? 끌어당기고는 있는데 그 힘보다는 마찰력 같은 다른 힘이 더 커서 우리가 느낄 수 없는 것뿐이야.

사과나무 아래에서 한참 고민하던 뉴턴이 자리에서 일어나 한적한 시골길을 따라 산책을 하네. 여기는 뉴턴의 고향이야. 지금 유럽에는 페스트라는 무서운 전염병이 퍼지고 있어. 그래서 뉴턴이 다니던 케임브리지 대학은 휴교 중이라 고향에 내려와 있는 거야.

뉴턴은 2년 가까이 집에 머물게 되는데, 나중에 이때가 자기 인생에서 가장 운이 좋았던 시기라고 말하기도 했어.

뉴턴의 유명한 이론들의 아이디어가 이때 대부분 만들어졌거든. 만유인력뿐만 아니라 미적분학을 발견하고, 광학의 체계를 잡은 것도 다 이 시기였어. 고향 집에서 한가하게 지내던 시간이 기적을 만들어 낸 거야. 그래서 1666년을 '기적의 해'라고 부르는 사람들도 있어.

세상 만물의 운동 법칙을 하나로 설명한 책

뉴턴의 만유인력 법칙은 지구와 우주의 운동을 하나로 설명했다는 의미도 크지만 무엇보다 이를 수학적으로 증명했다는 데 중요성이 있어. 뉴턴이 이를 증명하기 위해 미분과 적분을 개발했거든. 미분과 적분은 여러분이 고등학생쯤 되면 배우게 되는 수학이야. 어떤 현상에서든, 부분은 전체를 포함한다는 말이 있어. 미분은 작게 쪼갠 부분을 통해 전체 변화를 알아보고, 적분은 나누어진 변화량을 쌓아 합계를 구하는 공식이야. 다시 말해서 미분은 '변화량', 적분은 '변화의 합계'를 나타내는 개념이지.

뉴턴은 이러한 물체의 운동에 관한 생각을 담아 《자연철학의 수학적 원리》라는 책을 냈는데, 줄여서 《프린키피아》라고도 해. 그런데 이 책은 너무 어려워서 과학자들도 이해하기가 힘들었어. 영어가 아닌 라틴어로 쓴 데다 어려운 수식들이 가득했기 때문이야.

뉴턴은 자신의 이론에 사람들이 쉽게 접근하는 걸 막기 위해서 일부러 어렵게 쓴 거라고 말하기도 했지.

그런데도 사람들은 이렇게 읽기조차 어려

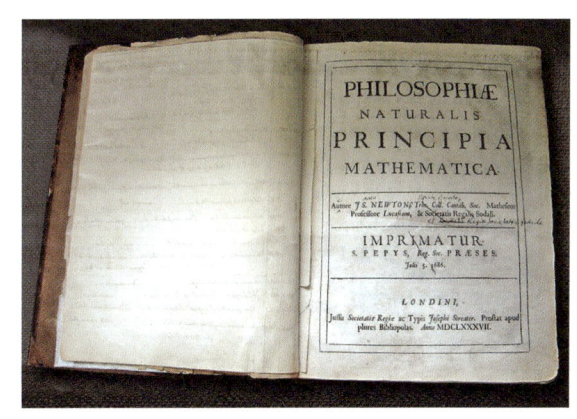

《자연철학의 수학적 원리》

운《자연철학의 수학적 원리》를 이해하기 위해 다른 책을 사 읽을 만큼 열광적으로 환호했어. 이유가 뭐냐고?《자연철학의 수학적 원리》를 읽고 나면 코페르니쿠스의 지동설 이후로 수많은 과학자들이 제각각 따로 고민했던 생각들을 하나로 통합해서 이해할 수 있었거든.

그래서 뉴턴이 과학을 실질적으로 시작한 사람이라고까지 할 정도야. 과학사에 있어서《자연철학의 수학적 원리》의 발간은 그야말로 중대한 사건이었어. 당시 사람들은 뉴턴을 '신에 가장 근접한 인간'이라고까지 부를 정도였지.

뉴턴이 정리한 자연의 운동 법칙은 200년이 넘도록 굳건한 진리로 존재했어. 그런데 뉴턴의 생각이 도전을 받는 사건이 생겼지. 바로 다음에 만나 볼 과학자 때문이야. 세상 사람들이 과학자라고 하면 가장 먼저 떠올리는 바로 그 사람이지.

뉴턴의 운동 3법칙

- 첫 번째 법칙은 '관성의 법칙'이다.
  외부에서 어떤 힘이 작용하지 않는 이상 멈춰 있던 물체는 계속 멈추려고 하고, 운동하던 물체는 계속 운동하려고 한다는 것이다.
  달리던 버스가 갑자기 멈추면 타고 있던 사람은 버스가 움직이는 방향과 속도로 계속 운동을 하려고 하기 때문에 몸이 앞으로 쏠리는 현상을 말한다.
- 두 번째 법칙은 '힘과 가속도의 법칙'이다.
  물체의 질량이 클수록 가속도가 작아지고, 물체에 가하는 힘이 클수록 가속도는 커진다는 것이다.
  무게가 가벼운 물체와 무거운 물체를 뒤에서 밀면 가벼운 물체가 더 멀리 움직이는 것도 이 법칙으로 설명할 수 있다.
- 세 번째 법칙은 '작용 반작용의 법칙'이다.
  힘은 항상 쌍으로 발생하는데, 두 힘은 세기가 같지만 방향은 반대라는 것이다. 로켓이 발사할 때 가스를 뒤로 분출하는 힘으로 앞으로 나아가는 현상이 이 법칙으로 설명된다.

뉴턴의 사과나무는 정말 있었을까?

뉴턴이라고 하면 누구라도 사과나무를 먼저 떠올릴 거야. 사과가 떨어지는 것을 보고 뉴턴이 만유인력의 법칙을 생각해 냈다고 알려져 있거든.

뉴턴이 다니던 케임브리지 대학에 있던 사과나무의 후손은 전 세계로 분양되었는데, 1980년 우리나라에도 묘목이 들어와서 표준과학연구원(대전)에서 그 후손이 자라고 있어.

그런데 이 이야기에 대해서는 여러 가지 논란이 있어. 앞에서 뉴턴이 로버트 훅과 만유인력의 법칙을 누가 먼저 발견했는가를 두고 오랜 시간 논쟁을 벌였다고 했지? 이 논란에서 뉴턴이 자신이 먼저 발견했다는 걸 주장하기 위해 사과나무 이야기를 만들어 냈다고 주장하는 사람들도 있어. 또는 뉴턴을 따르는 과학자들이 좀 더 극적인 이미지를 만들기 위해 지어낸 말이라고 하기도 하고.

뉴턴이 떨어지는 사과를 보고 만유인력을 생각했다고 하는 시점과 만유인력 법칙을 발표한 시점 사이에 20년이라는 시간 차이가 있어서 그런 주장이 나오는 것이기도 해.

한편, 2010년 영국 왕립학회는 윌리엄 스터클리라는 과학자의 회고록을 공개했어. 이 회고록에는 뉴턴이 사망하기 바로 전 해에 스터클리가 사과나무 아래에서 뉴턴과 차를 마시며 나눴던 얘기가 담겨 있어. 뉴턴이 만유인력의 개념을 처음 떠올릴 때도 이 날과 상황이 비슷했다고 말하면서 "왜 사과는 땅에 수직으로 떨어질까? 옆으로나 위로가 아니라 왜 지구의 중심으로 떨어질까? 지구와 물체가 서로 당기는 힘이 있을 거야."라는 말을 했다는 거야.

뉴턴이 어느 시점에 사과와 만유인력에 대한 생각을, 어떻게 했는지 정확한 진실은 알기 힘들어. 하지만 뉴턴의 발견이 사과가 아래로 떨어지는 이유를 설명하게 된 역사적인 사건임은 틀림없을 거야.

표준과학연구원의 뉴턴 사과나무(위)
케임브리지 대학의 뉴턴 사과나무(아래)

현대 물리학의 기초를 세운
아인슈타인

자, 드디어 마지막 여행지야. 이번 여행에서 알베르트 아인슈타인을 만난다는 것쯤은 눈치챘겠지? 우리는 뉴턴이 《자연철학의 수학적 원리》로 세상 만물이 움직이는 원리를 발표한 때로부터 232년이 지난 1919년 5월 29일 아프리카의 프린시페라는 섬으로 갈 거야.

이날은 200년 넘게 이어져 온 뉴턴의 만유인력 법칙에 대한 오류를 증명할 수 있는 일식이 일어나는 날이거든. 구름이 많아서 걱정했는데 조금 전부터 다행히 맑아졌네.

개기일식을 관측하는 사람들은 영국 왕립천문학회의 아서 스탠리 에딩턴이 이끄는 탐사대야. 이미 아인슈타인은 1905년 특수 상대성 이론을 비롯해서 1915년 일반 상대성 이론을 발표했지.

아인슈타인의 상대성 이론은 우리가 사는 세상에서 쉽게 경험하기

힘든 것을 설명하는 이론이어서 이해하기 쉽지 않아. 하지만 최대한 쉽고 간단하게 설명해 볼게.

휘어지는 시간과 공간

특수 상대성 이론을 간단히 말하면 시간과 공간이 항상 고정되어 있는 것이 아니라 속도에 따라서 달라질 수 있다는 거야. '뮤온'이라는 신기한 입자를 예로 들어 설명해 볼게. 뮤온은 땅 위에서 수십 킬로미터 떨어진 곳에 있는 입자인데, 수명이 100만분의 2초로 상상할 수 없을 만큼 짧아. 그렇기 때문에 빛의 속도로 움직인다 해도 600미터밖에 갈 수 없지. 그런데 수십 킬로미터 떨어진 곳에서도 발견되는 거야. 어떻게 가능할까?

뉴턴의 이론을 따라 시간과 공간을 고정된 개념으로 봤기 때문에 이것이 설명이 되지 않았던 거야. 그런데 아인슈타인의 특수 상대성 이론에 의하면, 빠르게 이동하는 물체에서의 시간은 느리게 움직이기 때문에 가능해. $E=mc^2$이라는 유명한 공식이 바로 여기에서 나온 거야.

다음은 일반 상대성 이론에 대해 얘기해 볼게. 중력이 강한 물체는 시간과 공간을 휘게 한다는 거야.

뉴턴은 중력이 생기는 이유에 대해서는 설명하지 못했는데 아인슈타인이 그걸 밝힌 거지. 시간과 공간이 고정되어 있지 않다는 상대성 이론은 여기에서도 적용이 돼. 질량이 있는 물체는 모두 시간과 공간을 휘게 만든다는 거지.

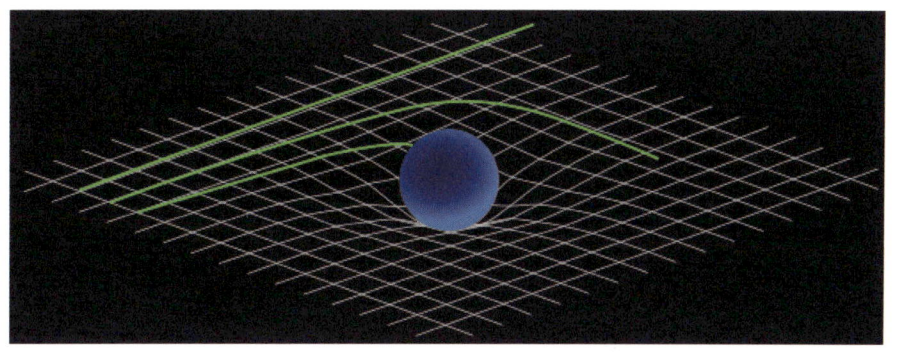

휘어지는 공간

쉽게 설명해서 팽팽한 그물에 무거운 공을 놓는다고 생각해 봐. 그러면 그물 중앙이 공의 무게 때문에 움푹 들어가겠지? 이것처럼 아인슈타인은 태양 주위에 이렇게 휘어진 공간이 생기고 지구가 그 공간 속으로 빨려 들어가서 중력이 생긴다고 설명했어.

아인슈타인은 개기일식 때 태양 주위의 별을 관찰하면 입증할 수 있으니 좀 더 이해가 쉬울 거라고 설명했어.

그래서 에딩턴이 아인슈타인의 이론을 증명하기 위해 탐사대를 이끌고 프린시페까지 온 거야. 탐사대는 더 확실한 결과를 얻기 위해 브라질에도 파견됐었지.

결과가 어떻게 됐냐고? 탐사대가 영국으로 돌아와서 사진을 분석했더니 아인슈타인의 말이 맞았어. 태양이 없을 때 별의 사진을 찍고, 태양이 개기일식으로 가려졌을 때 사진을 찍어서 비교를 했더니 서로 다른 위치에서 같은 별이 발견되었지. 이것은 태양의 질량 때문에 시공

아인슈타인

간이 휘었기 때문에 별의 위치가 다르게 관측되었다는 얘기인 거지.

이 실험으로 아인슈타인은 세계적인 과학자로 명성을 얻게 되었어. 아인슈타인의 이론은 빛의 속도에 가깝게 빠르게 움직이는 물체나 아주 거대한 질량을 가진 천체들의 운동을 설명하기 때문에 매우 어려워. 하지만 이제 우리는 아인슈타인을 빼고는 현대 과학을 말할 수가 없게 되었어.

아, 그러면 이렇게 중요한 실험을 하는 날 아인슈타인은 어디에 있었냐고? 아마 자기 집에 있었을걸. 푹 자고 일어나서 평소처럼 하루를 보냈을 거야. 실험 결과를 확신하고 있었거든.

어떤 학생이 그에게 물었어.

"만약 관측을 통해 교수님이 원하지 않는 결과가 나오면 어떻게 하실 건가요?"

그러자 아인슈타인은 이렇게 대답했지.

"내 이론은 틀리지 않았습니다. 만약 그렇다면 신에게 유감을 표할 거예요."

여러분은 이렇게 물을 거야.

이렇게 어려운 상대성 이론이 우리 생활과 도대체 어떤 관련이 있냐고. 하나만 예를 들어 볼게. 우리가 사용하는 휴대전화에는 GPS 수신 장치가 있어서 우리의 위치를 잡아 주지. 내비게이션이 길 안내를 할 수 있는 것도 인공위성의 GPS와 끊임없이 신호를 주고받기 때문이야. 여기에 아인슈타인의 상대성 이론이 적용되고 있지.

인공위성은 빠르게 움직이기 때문에 하루에 0.000007초씩 시간이 느려지고, 인공위성이 있는 공간은 중력이 작기 때문에 0.000045초씩 시간이 빨라져. 이 두 상황을 같이 계산해야 인공위성이 보내는 GPS 신호가 내비게이션의 정확한 위치를 찾을 수 있는 거야.

아, 그리고 블랙홀을 발견할 수 있었던 것도 아인슈타인의 이론 덕분이지.

자, 코페르니쿠스부터 아인슈타인까지, 중요한 과학적 발견이 일어난 역사적 장면을 여행한 기분이 어때? 과학자들을 만나고 역사적 장면을 본 건 재미있지만, 과학적 원리까지 깊이 이해하기는 쉽지 않았을지도 몰라. 그럼에도 마지막까지 여행을 함께해 준 여러분에게 큰 박수를 보내고 싶어. 출발 전보다 여러분의 뇌가 훨씬 즐거워하고 있을 거야.

작가의 말

'과알못'이었던 내가 20년 동안
과학 잡지와 함께한 이유

나는 과학 과목이 싫었어. 어쩌다가(눈물겨운 사연이 있단다.) 대학에서 과학을 전공하기는 했지만 원래 좋아하지 않던 과목인지라 학과 공부에는 전혀 관심을 두지 않았어. 대학 생활은 전공 공부 말고도 호기심을 가질 만한 게 너무 많았거든. 당연히 과학과 관련한 일을 하겠다는 생각은 단 한 번도 해본 적이 없었지. 그런데 어느 날 다니던 회사에서 과학 잡지 부서로 발령을 낸 거야. 큰일 난 거지. 과학에 관심 가져 본 적이 없는 내가 과학 기자가 되다니!

그날부터 눈길도 안 주었던 《물리학 원론》 같은 두꺼운 대학 교재를 끼고 다녔어. 그런데 참 신기한 일이 일어났지 뭐야. 과학이 재미있어지더라니까.

과학을 가까이에서, 그것도 호기심을 가진 아이의 눈으로 보기 시작하자 점점 과학이 안내하는 신기한 매력에 빠져들게 되더라고. 게다가 내가 만드는 과학 잡지 덕분에 나처럼 과학을 싫어했던 독자가 과학을 좋아하게 되고, 과학 성적까지 쑥쑥 오른다는 얘기를 끊임없이 듣게 되었지. 재미있는 과학의 세계를 매일 경험하고, 독자들이 과학에 즐거움을 갖게 되는 과정도 지켜볼 수 있으니 하루하루가 정말 신났어. 그래서 과학 가까이에서 살 거라고 한 번도 생각하지 않았던 내가 자그마치 20년을 과학 잡지에 푹 빠져서 살게 되었지.

처음에는 어려워 보여도 호기심을 갖고 조금만 찬찬히 들여다보면 그 매력에서 벗어날 수가 없더라니까. 같이 일하던 후배 중에도 과학과 멀리 떨어져 살다가 우연히 과학 기자가 된 친구가 있었어. 처음에는 전공과 거리가 먼 일을 하게 되어 당황했는데, 시간이 지나고 나서 이렇게 말하더라고.

"과학을 몰랐다면 평생 이 세상의 절반은 보지 못하고 살았을 것 같아요."

못 보고 못 듣던 것을 과학을 통해 아는 경험을 하고 나면 어른이라도 이런 말이 저절로 나오는 거지. 하물며 말랑말랑한 생각을 해내는 여러분은, 한 발만 과학 가까이 다가와도 과학이 만들어 내는 놀라운 세계를 경험할 수 있을 거야.

그런 면에서《궁금했어, 과학사》는 과학을 싫어하는 어린이 독자들도 거부감 없이 과학과 친해지도록 만들어 줄 거라고 믿어. 이 책은 과학책이라기보다는 과학을 연구했던 사람들의 이야기를 담은 것이고,

그 이야기 속에 녹아 있는 과학적 사건들이 우리의 삶을 어떻게 바꿔 놓았는지 추적해 가는 과정을 담고 있어.

    책을 읽다가 어렵게 느껴지는 부분이 있으면 그냥 넘어가도 괜찮아. 이야기만 따라 가면서 읽어도 과학자들의 이야기와 그들의 중요한 과학적 발견, 과학 용어들이 여러분 안으로 들어오게 될 테니까. 이것이 바로 과학과 친해지는 방법이야. 친해지면 관심도 더 생기고, 더 가까이 보게 되고, 그러다 보면 과학이 예뻐지기까지 한다니까. 그리고 그렇게 달라진 여러분도 더 근사하고 예뻐질 거야.

    여러분이 경험하는 세상이 날로 넓어지고, 그 속에서 더 신나는 경험을 하게 되길 응원할게.

사이언스 틴스 05
궁금했어, 과학사

초판 1쇄 발행 2020년 3월 9일
초판 6쇄 발행 2025년 1월 31일

글 | 권경숙
그림 | 신나라
펴낸이 | 한순 이희섭
펴낸곳 | (주)도서출판 나무생각
편집 | 양미애 백모란
디자인 | 박민선
마케팅 | 이재석
출판등록 | 1999년 8월 19일 제1999-000112호
주소 | 서울특별시 마포구 월드컵로 70-4(서교동) 1F
전화 | 02)334-3339, 3308, 3361
팩스 | 02)334-3318
이메일 | book@namubook.co.kr
홈페이지 | www.namubook.co.kr
블로그 | blog.naver.com/tree3339

ISBN 979-11-6218-094-5 73400

값은 뒤표지에 있습니다.
잘못된 책은 바꿔 드립니다.

*종이에 베이거나 긁히지 않도록 조심하세요.
*책 모서리가 날카로우니 던지거나 떨어뜨리지 마세요. (사용연령: 8세 이상)
*KC마크는 이 제품이 공통안전기준에 적합하였음을 의미합니다.